A. SCHMID — H. KOVÁCS

RUSSISCH FÜR FORTGESCHRITTENE II

JUGEND UND VOLK WIEN MÜNCHEN
ÖSTERREICHISCHER BUNDESVERLAG, WIEN

Mit Erlaß des Bundesministeriums für Unterricht und Kunst vom 10. März 1977, Zl. 24.798/1-14a/76, für den Unterrichtsgebrauch an gewerblichen, technischen und kunstgewerblichen Fachschulen für die 3. Klasse, Höheren technischen und gewerblichen Lehranstalten für den III. Jahrgang, Handelsschulen für die 3. Klasse, Handelsakademien für den III. Jahrgang, Höheren Lehranstalten für wirtschaftliche Frauenberufe für den III. Jahrgang im Unterrichtsgegenstand Russisch geeignet erklärt.

Mit Erlaß des Bundesministeriums für Unterricht und Kunst vom 18. März 1977, Zl. 24.798/4-14a/76, für den Unterrichtsgebrauch an allgemeinbildenden höheren Schulen für das 3. Lernjahr im Unterrichtsgegenstand Russisch (Zweite lebende Fremdsprache) geeignet erklärt.

Schulbuch-Nr.: 1022

ISBN 3-7141-4408-0 Jugend und Volk Wien
ISBN 3-8113-4408-0 Jugend und Volk München

Umschlagentwurf: Hartwig Preuschl
Grafische Gestaltung: Bruno Wegscheider

Druck: Ernst Becvar, 1150 Wien

VORWORT

Das vorliegende Lehrbuch ist die Fortsetzung von ,,Russisch für Fort-
geschrittene I" und ist in erster Linie für den Russischunterricht in
den siebenten Klassen (= im dritten Lehrjahr) höherer Schulen ge-
dacht, kann aber ebenso gut auch an Hochschulen, in Kursen für
Erwachsene und zum Selbststudium verwendet werden. Da der Grund-
wortschatz und die Grundgrammatik in den ersten beiden Teilen des
Lehrbuchwerkes bereits systematisch vermittelt wurden, konnte im
dritten Teil das Schwergewicht im Sinne des Lehrplanes auf Proben
aus modernen Autoren und auf moderne Texte gelegt werden, die
zum Verständnis von Land und Volk der Sowjetunion beitragen.
Der Schüler soll bei der häuslichen Vorbereitung mit Hilfe eines
Wörterbuches sowie im Unterricht mit Hilfe des Lehrers seinen Wortschatz wiederholen, festigen und erweitern. Da das Wörterbuch auf
dieser Stufe bereits ein vertrautes Arbeitsmittel sein soll, wurde von
einem Wörterverzeichnis abgesehen, doch werden schwierige Wörter
und Ausdrücke des Textes erläutert.
Auf ein ausgewogenes Verhältnis der verschiedenen Stilebenen und
Stilarten wurde bei der Auswahl der Texte und Übungen besonders
geachtet. Im Hinblick auf die dem Schüler zumutbare Belastbarkeit
wurde eine zu große Bandbreite vermieden, d. h. das Schwergewicht
liegt sowohl auf einer eher neutralen, stilistisch nicht zu spezifischen
Buchsprache erzählenden und beschreibenden Inhalts als auch einer
ebenso eher neutralen Umgangssprache eines gebildeten Russen. Auf
schwierige Stilarten (hohes Pathos, familiäre Sprache, Dialektismen,
Eigenheiten der Fachsprachen u. dgl.) wurde bewußt verzichtet. Eine
Anzahl von Schriftstellern bzw. Werken konnte aus diesem Grunde
nicht berücksichtigt werden.
Aus der übergroßen Anzahl sich trotzdem anbietender, in ihrer Be-
wertung außerdem noch strittiger Autoren, darunter auch Nobelpreis-
träger, konnte begreiflicherweise nur eine eher exemplarische als
systematische Auswahl in dem Sinne getroffen werden, daß die The-

matik von den Lernenden als aktuell und altersadäquat empfunden werden könnte. Die literarischen Texte sind durchwegs Originaltexte aus Werken moderner Autoren. Geringfügige Adaptationen, meist in Form von Weglassungen, wurden nur selten vorgenommen.

Die Grammatik wurde dort durch eigene Erklärungen und Übungen vertieft, ergänzt und zusammengefaßt, wo sich von den Texten her ein Anlaß bot, besonders bei Erscheinungen, die wegen ihrer Häufigkeit oder ihres Analogiewertes besondere Aufmerksamkeit verdienen. Großer Wert wurde bei den Übungen auch auf die Wiederholung und Festigung bereits bekannter Regeln gelegt. Die Grammatik konnte dadurch zu einem gewissen dem Lehrplan entsprechenden Abschluß gebracht werden. Auf eine Zusammenfassung mußte wegen des vorgegebenen Umfanges des Lehrbuches leider verzichtet werden. Aus dem gleichen Grunde mußten auch Bilder wegfallen.

Der Aufbau des Lehrbuches ist wegen der geringeren Rolle der Grammatik auch nicht mehr von dieser her bestimmt, sondern vom Grad der Schwierigkeit der einzelnen Lektionen, wobei diese selbst eine straffe stets wiederkehrende Anordnung der einzelnen Teile aufweisen. Großer Wert wurde wieder auf die Handlichkeit und Bewältigbarkeit jeder Lektion gelegt. Das bedeutet, daß auch die Haupttexte kurz gehalten bzw. zu lange Texte auf zwei Lektionen verteilt wurden.

Ein breiter Raum wurde der Landeskunde eingeräumt. Jede Lektion weist entweder einen landeskundlichen Originaltext auf, der im Sinne des Lehrplanes meist einer Zeitung oder einer Zeitschrift entnommen wurde, oder ein Gedicht eines modernen Autors. Durch beides soll, wenn auch in verschiedener sprachlicher Form, das Verständnis von Land und Volk der Sowjetunion geweckt werden.

Ein beachtlicher Teil des Lehrbuches dient wiederum dem so wichtigen Gesprächsunterricht. Dabei wurde bewußt auf reine Musterdialoge verzichtet, um den Schüler nicht von vornherein in seiner Ausdrucksweise festzulegen. Dem Gespräch, aber auch der Auflockerung dienen die in jeder Lektion untergebrachten Texte zum Nacherzählen, weiters Anekdoten, Sprichwörter, Rätsel und kleine Illustrationen, die sich für Bildbeschreibungen eignen, schließlich Fragen aus den Texten zu Themen, über die sich gut diskutieren läßt.

Die Verfasser

Erklärung der im Lehrbuch verwendeten Symbole:

I. Textteil:

 Vornehmlich zum Lesen vorgesehener Text

 für das Unterrichtsgespräch vorgesehener Abschnitt

 zur Auflockerung dienender, in verschiedener Weise verwendbarer Abschnitt

II. Übungsteil:

G auf den Grammatikstoff der Lektion abgestimmte Übung

L Lexikalische Übung

K Konversationsübung

W Übung für Wiederholung

P Phonetische Übung

A Aspektübung

Михаил Пришвин
(1873—1954)
Из «Кавказских рассказов»

Гость

На Кавказе гость считается лицом самым уважаемым.

«Вот, — подумал я, — жить бы так и жить: ты ничего не делаешь, а за тобой все ухаживают».

— Неужели, — спросил я моего спутника-охотника, замечательного рассказчика и шутника, — неужели каждого гостя везде на Кавказе принимают с почётом?

— Каждого гостя, — ответил он, — на всём Кавказе принимают с большим почётом.

— И сколько времени он так может гостить?

— Трое суток, — ответил он, — гость может гостить.

— Разве только трое суток? — удивился я. — А как же быть с гостем, если ему после трёх суток захочется ещё сколько-нибудь пожить?

— Через трое суток гость должен объяснить, зачем он пришёл.

— И когда объяснит?...

— Когда объяснит, то, конечно, ещё может жить.

— Долго ли?

— Если у хозяина есть время ухаживать, гость может жить сколько захочется.

— А если времени нет?

— Тогда извини, пожалуйста!

— Так и говорят гостю прямо: «Извините?»

— Прямо гостю этого нельзя говорить. У всякого хозяина для гостя есть свои слова. Если я не могу за гостем больше ухаживать, то рано утром иду в конюшню и хорошо кормлю коня моего гостя и хорошо его чищу. После того бужу гостя и хорошо его угощаю, ставлю всё: шашлык, бузу, чихирь, айран. Когда гость бывает сыт, он понимает: никакого нет праздника, а я так его угостил, — значит, надо уезжать. Гость встаёт, благодарит меня и отправляется в конюшню.

— Хорошо, — сказал я, — если гость поймёт, а если он наестся и опять ляжет спать, что тогда делать?

— Пускай спит. А когда проснётся, я возьму его за руку и поведу в свой сад. Птичка прилетает в мой сад и улетает. Когда птичка прилетает, я показываю на неё гостю и говорю: «Смотри, вот птичка прилетела!». А когда птичка улетает, я говорю: «Смотри, птичка улетела!». Сучок после птички качается, гость смотрит, а я говорю: «Птичка знает время, когда ей прилететь и когда улететь, а человек этого часто не знает. Почему человек не знает?». После этого всякий гость прощается и уходит за конём в конюшню.

Объяснения

лицом самым уважаемым — Nachstellung des Adjektivs zur Hervorhebung
жить бы так и жить — было бы хорошо так жить очень долго
как быть с гостем = что делать с гостем
сколько - нибудь = немного
буза — leichtes alkoholisches Getränk
чихирь — kaukasischer Wein, Haustrunk
айран — eine Art von saurer Milch
пускай спит = пусть спит

Из современной поэзии

Волга

Мы русские. Мы дети Волги.
Для нас значения полны
её медлительные волны,
тяжёлые, как валуны.

Люблю её всю в пятнах света,
всю в окаймленье ивняка...
Но Волга для России — это
гораздо больше, чем река.

        Е. А. Евтушенко

*   *   *

Тонкая месть

Однажды среди ночи в квартире профессора раздался телефонный звонок. Профессор подошёл к телефону, взял трубку и услышал сердитый женский голос:

— Ваша собака лает и не даёт мне спать.

— А кто это говорит?

Женщина назвала свою фамилию. На следующую ночь в тот же час в квартире этой женщины зазвонил телефон.

— Я позвонил, чтобы сказать вам, что у меня нет собаки, — сказал в трубке голос профессора.

Школа...

— При таких отметках ты ещё поёшь?

— Сынок, почему ты сам не принёс дневник!

Всякое

Знаете ли вы, что...

слово копейка происходит от слова копьё. На древних монетах изображали всадника с копьём.

Мы улыбаемся

Миша пришёл домой. Лицо́ распу́хло, под гла́зом большой синя́к.

— Ну, вот, я знала, что этим ко́нчится ваша игра́, — сказала мама.

— Ах, вот ты какая — знала и ничего не сказала, — говорит Миша.

Скорогово́рка: Ткёт ткач тка́ни на плато́к Та́не.

> Беда́ одна не хо́дит.

Грамматика

Zum Possessivpronomen свой

свой 3 kann als besitzanzeigendes Fürwort niemals im 1. Fall verwendet werden (dafür stehen его, её, их). Kommt свой im ersten Fall vor, so hat es ADJEKTIVISCHE Bedeutung und wird mit „eigener" übersetzt:

У них есть своя́ дача. — Sie haben ein eigenes Landhaus.

Einige wichtige Vorsilben des Russischen

воз-, вос-:	1. empor-	восход солнца
	2. zurück-, re-	возвраща́ться
вы-:	heraus-	выходи́ть
за-:	1. hinter-, ver-, zu-	закрывать
	2. Beginn der Handlung	замолчать
о(б)-:	be-, um-	осматривать
пере-:	über-, trans-	передавать
по-:	1. vollendeter Aspekt	позвонить
	2. Beginn der Handlung, bes. bei Verben der Fortbewegung in der bestimmten Form	поехать
	3. einschränkende Bedeutung (ein bißchen)	погулять, побольше

под(о)-:	1. unter-	подписывать
	2. ganz nahe heran-	подходить
пред(о)-:	vor-	предлагать
при-:	her-	прибежать
про-:	1. durch-	проводить работу
	2. ver-	проводить время
раз(о)-, рас-:	zer-	рассеянный
с(о)-:	1. zusammen-	собирать
	2. herab-	снимать пальто
у-:	weg-	улетать

Упражнения

G I. Вставьте слово «свой 3» и переведи́те предложе́ния.

1. У него есть … машина.
2. У каждого мальчика были … интересы.
3. У отца есть … мне́ние по этому вопросу.
4. У каждого были … тру́дности.
5. Вся́кому … доро́га.

G II. Употреби́те данные в скобках приставки, образу́йте видову́ю пару и переведи́те на неме́цкий язы́к.

1. лете́ть (пере-)
2. бежа́ть (вы-)
3. идти́ (у-)
4. плыть (при-)
5. ехать (подъ-)
6. вести́ (про-)
7. везти́ (в-)

G III. Переведи́те предложения на неме́цкий язы́к и определи́те значе́ния пре́фиксов.

1. Мы **по**ходили в парке, потом **по**шли домой.
2. Перед отхо́дом по́езда мы **по**сиде́ли и **по**молчали в зале ожида́ния.
3. Незнакомый человек вошёл в класс, и дети **за**молчали.
4. Мальчик **по**стоял перед дверью класса, а потом вдруг **по**бежал к вы́ходу.
5. — Помоги́те мне, — **за**крича́л он.

6. *Туристов* **по**водили *по музею.*
7. *Они* **по**летели *в Иркутск.*
8. **По**звоните *мне в семь часов!*
9. *Говорите* **по**громче!
10. *Там* **по**строили *новое здание.*
11. *Дети* **по**бегали *во дворе и начали играть.*
12. *Он вас* **по**везёт *домой на машине.*
13. *Наши гости хотят ещё* **по**гулять.

W IV. Образуйте инфинитиф и второе лицо единственного числа. Поставьте знаки ударения.

1. *чищу*   5. *встаю*
2. *бужу*   6. *лягу*
3. *кормлю*   7. *пойму*
4. *ставлю*   8. *приму*

L V. Как можно сказать по-другому?
1. **Мне** *ещё* **хочется** *там пожить.*
2. *Мы там остались на* **трое суток.**
3. **Зачем** *он пришёл?*
4. *У* **всякого** *хозяина есть свои порядки.*
5. *А* **как же быть** *с таким гостем?*

L VI. Образуйте антонимы.
1. *Мы* **везде** *искали магазины.*   5. *Когда они* **прилетят?**
2. *Курить* **нельзя.**   6. *Мальчик уже* **проснулся.**
3. *Они пришли* **рано утром.**   7. *Мы видимся очень* **часто.**
4. *Они* **больше** *знают, чем вы.*   8. *Они уже* **уехали?**

K VII. Ответьте на вопросы.
1. *Как принимают гостей на Кавказе?*
2. *Что делает хозяин, когда он больше не может ухаживать за гостем?*
3. *Как вы ухаживаете за гостями?*
4. *Как вы избавляетесь от непрошеного гостя?*

Р VIII. Как произно́сятся сле́дующие слова́?

в *свой сад*, с *бо́льшим почётом, как же быть, через трое су́ток,* с *го́стем, из са́да, от го́рода,* под *столо́м,* с *горы́.*

А IX. Обьясни́те примене́ние ви́дов.

Сегодня на уроке мы проверя́ли дома́шнее задание. Мы прове́рили домашние упражнения и на́чали читать текст. Мы читали новый текст. Сначала читал преподава́тель. Когда преподаватель читал текст, мы внима́тельно слушали. Преподаватель прочитал текст и спросил: «Всё поня́тно?» Потом преподаватель объясня́л новые слова. Когда он объясни́л слова, мы на́чали писать дикта́нт.

2-й урок

Чему у́чат в ста́рших кла́ссах средней школы СССР
(из журнала «Спу́тник»)

Советская средняя школа — политехническая, то́ есть она знако́мит уча́щихся не только с у́мственной работой, но и с физи́ческим трудом.

Ниже перечи́слены основны́е учебные дисциплины, обяза́тельные для изуче́ния в старших классах средней школы. Ри́мские ци́фры — классы, цифры ара́бские — коли́чество уче́бных часов, отведён-ных да́нному предме́ту в программе одной недели.

	IX	X
русский язык	—	1
русская литература	4	3
математика	6	6
физкультура	2	2

	IX	X
исто́рия	4	3
биоло́гия	1	2
геогра́фия	2	—
астроно́мия	—	1
иностранный язык	2	2
фи́зика	5	5
хи́мия	3	3
обществове́дение	—	2
политехни́ческий практикум	6	4

Учебный год во всех десяти́ классах средней школы скла́дывается из 35 учебных недель. Год разделён на четыре «че́тверти», и между четвертя́ми — каникулы разной продолжи́тельности, самые длинные — летние: с конца́ мая по 1 сентября́. Один урок продолжа́ется 45 минут. Два старших класса — IX и X — занимаются 34 — 35 часо́в в неделю.

Политехнический практикум двух старших классов предполага́ет о́бщее знако́мство с одной из сле́дующих профессий по вы́бору:

радиоэлектро́ника
обрабо́тка металлов
эксплуата́ция и ремо́нт автомобиля
техни́ческое черче́ние
прикладна́я хи́мия
эксплуата́ция и ремо́нт тра́кторов
плодово́дство
овощево́дство
животново́дство
агрохи́мия
обрабо́тка тка́ней (включа́я конструи́рование
  оде́жды)
маши́нопись и стеногра́фия

Под практикум на соседних предприя́тиях школа отво́дит целико́м один день уче́бной неде́ли, она́ мо́жет та́кже име́ть и со́бственную произво́дственную ба́зу, осо́бенно в се́льской ме́стности.

В национа́льных респу́бликах, областя́х и округа́х сре́дняя шко́ла, где основны́е предме́ты чита́ются на родно́м языке́, включа́ет в програ́мму обуче́ние трём литерату́рным языка́м: родно́му, ру́сскому и по кра́йней ме́ре одному́ иностра́нному.

*   *   *

Два товарища.

Шли ле́сом два това́рища и встре́тили медве́дя. У одного́ това́рища бы́ло ружьё, но он бро́сился в сто́рону, влез на де́рево и спря́тался. А друго́й това́рищ оста́лся на доро́ге. Что тут де́лать? Вспо́мнил он, что медве́ди не тро́гают мёртвых. Он лёг на зе́млю и притвори́лся мёртвым.

Медве́дь подошёл к нему́ и стал обню́хивать. А тот лежи́т, как мёртвый. Медве́дь обню́хал его́ и отошёл. Когда́ медве́дь ушёл, пе́рвый това́рищ слез с де́рева и спроси́л:

— Что тебе́ медве́дь на́ ухо сказа́л?

Второ́й това́рищ отве́тил:

— Медве́дь сказа́л мне: «Плох тот това́рищ, кото́рый убега́ет и оставля́ет това́рища в беде́».

Мо́дные причёски ...

— Успоко́йтесь, мама была моде́лью на ко́нкурсе парикма́херов.

— Кто из них Миша и кто Маша?
— Сейча́с узна́ем!

Всякое

Знаете ли вы, что ...

преподавáние в школах СССР ведётся на 66 языкáх нарóдов СССР. По желáнию родителей дети ýчатся лúбо в национальных школах, где преподавáние ведётся на роднóм языкé, лúбо в школах, где обучáют на русском языкé.

Шутка

— Ты слышал? Инострáнный язы́к мóжно изучáть во сне!
— Непрáвда! Я пять уроков англúйского языкá проспáл и никакóго успéха!

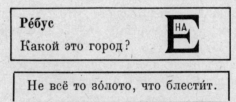

Рéбус
Какой это город?

Не всё то зóлото, что блестúт.

Грамматика

Vorwörter mit drei Fällen

с und по können sich mit **drei** Fällen verbinden:
1. с + 2. F.:   von ... herab, seit
    [с + 4. F.:   ungefähr] Selten! Dafür stehen meist óколо, примéрно
    с + 5. F.:   mit
2. по + 3. F.:   auf, über ... hin
    [по + 4. F.:   bis] Selten! Dafür steht meist до
    [по + 6. F.:   nach] Selten! Dafür steht meist пóсле

lehren — lernen

I. **lehren**: учить—выучить (научить) когó чемý:
   Она учит нас русскому языку. — Sie lehrt uns Russisch.

Брат учит меня играть в шахматы. — Der Bruder lehrt mich Schach spielen.

II. **lernen:**

1. **ohne Objekt oder mit Infinitiv:** учиться—выучиться (научиться)

Олег учится в десятом классе. — Oleg lernt in der 9. Klasse = geht in die 9. Klasse

Я учусь играть в теннис. — Ich lerne Tennis spielen.

Мальчик научился плавать. — Der Bub hat schwimmen gelernt.

2. **mit Objekt:**

   a) учить-выучить что

   Я учу слова, стихи, урок, песню, русский язык... — Ich lerne Vokabel, ein Gedicht...

   b) изучáть — изучи́ть что

   Мы изучáем русский язык. = Мы ýчим русский язык.

Упражнения

G

I. Переведи́те предложе́ния и укажите на то, с каким падежо́м употребля́ются предло́ги «по» и «с».

   1. С пятого по седьмое число мы будем на море.

   2. Они работают день и ночь, они заняты по горло.

   3. Увидимся по окончании работы.

   4. Он ростом с Колю.

   5. Рабочие стоят по пояс в воде.

   6. Там стоит кран величиной с дом.

   7. Рекомендуется вернуть документы по истечении срока.

G

II. Переведите предложе́ния и обрати́те внима́ние на употребле́ние глаго́лов учи́ть и учи́ться.

   1. Брат ýчит меня играть в шахматы.

   2. Кто научи́л вас читать по-русски?

   3. Я должен учи́ть словá.

   4. Мой старший брат ýчится в техникуме.

   5. Не мешай им учи́ться!

   6. В школе мы учи́ли русский язык.

G   III. Вставьте вместо точек «учить» или «учиться».

1. *В каком классе вы теперь ...?*
2. *Кто вас ... русскому языку?*
3. *Сколько лет вы уже ... русский явык?*
4. *Когда вы начали ... играть в теннис?*
5. *Что вы сейчас ..., грамматику или слова?*

K   IV. Ответьте на вопросы.

1. *Сколько месяцев продолжаются летние каникулы в СССР?*
2. *Сколько часов в неделю занимаются старшеклассники?*
3. *С какой профессией вы хотели бы познакомиться на уроках труда?*
4. *Сравните учебные программы австрийских и советских школ! В чём вы видите разницу?*

L   V. Какие родственные слова вы знаете?

количество, продолжительность, перечисление, обучение, местность, овощеводство

P   VI. Как произносятся следующие слова?

старший — следующий, час — два часа, занимаемся — занимаются, учебный год — учебного года, в программе — в неделю, место — местность

A   VII. Вставьте глаголы нужного вида в форме прошедшего времени.

1. *Каждый день мой друг ... свежие газеты. Сегодня он ... две газеты. (покупать — купить)*
2. *Этот студент часто ... письма. Сегодня он снова ... письмо. (получать — получить)*
3. *Каждый день я ... в автобусе этого человека. Сейчас я опять ... его. (встречать — встретить).*
4. *Обычно он ... работать в 5 часов. Вчера он ... работать в 3 часа. (кончать — кончить)*
5. *Он всегда ... письма вечером. Вчера он ... три письма. (писать — написать)*
6. *Этот студент часто ... на уроки. Вчера он опять ... . (опаздывать — опоздать)*

Константи́н Паусто́вский
(1892—1968)
Отры́вок из «Кни́ги скита́ний».

Не броса́йте тру́бку

У Булга́кова была́ странная и тяжёлая судьба́.

МХАТ игра́л только его́ старые пье́сы. Новая пье́са «Молье́р» была́ запрещена́. Про́зу его́ переста́ли печа́тать. Он очень страда́л от этого, му́чился и наконец не вы́держал и написал письмо́ Ста́лину. Ответа он не получи́л.

Булга́ков тоскова́л.

Лишённый возмо́жности печа́таться, он выду́мывал для свои́х бли́зких люде́й удиви́тельные рассказы — и гру́стные и шутли́вые. Он расска́зывал их дома, за ча́йным столо́м.

Я по́мню один такой рассказ...

Однажды Булга́ков прихо́дит к Ста́лину уста́лый, уны́лый.

— Сади́сь, Миша. Чего ты гру́стный? В чём де́ло?

— Да вот .пье́су написал.

— Так ра́доваться надо, когда це́лую пье́су написал. Зачем гру́стный?

— Театры не ста́вят, Ио́сиф Виссарио́нович.

— А где бы ты хотел поста́вить?

— Да, коне́чно, в МХАТе, Ио́сиф Виссарио́нович.

— Театры допуска́ют безобра́зие! Не волну́йся, Ми́ша. Сади́сь.

Ста́лин берёт телефо́нную тру́бку.

— Ба́рышня! А, ба́рышня! Дайте мне МХАТ! МХАТ мне дайте! Это кто? Дире́ктор? Слу́шайте, это Ста́лин говори́т. Алло́! Слу́шайте!

Ста́лин начина́ет серди́ться и сильно дуть в тру́бку.

— Дураки́ там сидя́т в Наркома́те свя́зи. Всегда у них телефо́н барахли́т. Ба́рышня, дайте мне ещё раз МХАТ. Ещё раз, русским языко́м вам говорю́! Это кто? МХАТ? Слу́шайте, только не броса́йте тру́бку! Это Ста́лин говори́т. Не броса́йте! Где дире́ктор? Как? Умер? Только что? Скажи́, пожа́луйста, какой пошёл не́рвный наро́д!

Объяснения

Булга́ков — советский писатель (1891—1940)

МХАТ — Московский Художественный Академический Театр

Чего ты грустный (разг.) — Почему ты грустный?

Ио́сиф Виссарио́вич — имя и о́тчество Сталина

в МХАТе — читай: во МХАТе

ба́рышня (устаре́лое) — девушка

Наркома́т — Наро́дный комиссариа́т (свя́зи), теперь министе́рство связи

барахли́ть — плохо рабо́тать

Какой пошёл нервный народ = Каки́ми не́рвными ста́ли люди!

Из совреме́нной поэ́зии

Фома́ и утопа́ющий

В ответ на зов: «Спаси́те! Спа-а-а- тону́!»

На пля́же начало́сь движе́нье.

Все бро́сились к воде́: глядя́т — ещё мгнове́нье —

    И человек пойдёт ко дну.

— Эй, ло́дочник! — вскрича́л Илья́ в волне́нье.

— Сеть! Дайте сеть! — потре́бовал Кузьма́.

— Ива́н, ныря́й, без промедле́нья!

— Стой, бра́тцы, стой! — всех переби́л Фома́, —

Как можно так без вся́кого реше́нья

К отве́тственному де́лу приступа́ть?

О том, как нам вести́ спасе́нье,

Три поступи́ло предложе́нья:

Спасе́нье с ло́дки — первый пункт — прошу́ голосова́ть!

Кто за, товарищи? ...

А утопа́ющий стал пузыри́ пуска́ть ...

А. Горбуно́в

*
* *

Восхо́д или захо́д

Два челове́ка стоя́т около картины, на которой изображено́ солнце, и спо́рят: одному́ кажется, на картине изображён зака́т солнца, а другому — восход.

К ним подходит ещё один человек и уве́ренно заявляет, что на картине изображён заход солнца.

— Почему ты думаешь, что это заход? — обращаются к нему спо́рящие.

— Догада́ться нетрудно, — отвечает он. — Я хорошо знаю этого худо́жника. Он никогда не просыпа́ется раньше десяти́ утра́.

Человек и телевизор . . .

По техническим причи́нам мы прекра-
ща́ем переда́чу соревнова́ний по мета́-
нию мо́лота.

— Вставай! Судья́ не засчита́л этот гол.

Вся́кое

Знаете ли вы, что ...

русская земля в начале своего исторического разви́тия носи́ла назва́ние «Русь», затем «Россия», а с 1922 го́да называется СССР.

Шутка

— Ты хорошо́ е́здишь на велосипе́де?
— Как мо́лния.
— Так бы́стро?!
— Нет — зигза́гами . . .

Скороговорка: Пе́карь Пётр пёк пироги́.

> Сло́во не воробе́й, вы́летит — не пойма́ешь.

Грамматика

Zur Aspektlehre

Verneinte Sätze in der Vergangenheit

In solchen Sätzen steht oft der unvollendete Aspekt. Der vollendete Aspekt steht dann, wenn eine erwartete Handlung nicht eintritt:

Я не реша́л зада́чу.	— Ich habe keine Aufgabe gelöst. (Sinn: Ich habe mich mit der Lösung der Aufgabe überhaupt nicht beschäftigt.)
Я не реши́л зада́чу.	— Ich habe die Aufgabe nicht gelöst. (Sinn: Ich habe mich bemüht, die Aufgabe zu lösen, es ist mir aber nicht gelungen.)

Verneinte Befehlsform

In verneinten Sätzen steht meistens der Imperativ des unvollendeten Aspekts. Handelt es sich aber um eine Warnung, bei der sich der Sprecher im Interesse des Angesprochenen äußert, so steht der **vollendete** Aspekt:

Не упади́!	— Fall nicht!
Не забу́дьте!	— Vergessen Sie nicht!

Bejahte Befehlsform

In bejahten Sätzen steht meistens der Imperativ des vollendeten

Aspekts. Wenn aber der Angesprochene die Situation kennt und der Sprecher keinen Befehl, sondern eher einen Impuls, einen Rat, eine Erlaubnis gibt oder jemanden auffordert, eine Tätigkeit fortzusetzen, so steht der Imperativ des **uv. Aspektes**:

Входи́те!	— Treten Sie ein!
	(Der Angesprochene hat die Absicht einzutreten.)
Выздора́вливайте!	— Werden Sie gesund!
	(Ein **Wunsch**; die Gesundung kann nicht „befohlen" werden!)
Пиши́те, пиши́те!	— Schreiben Sie (nur ruhig weiter)!

Упражнения

G I. Объясни́те ра́зницу в значе́нии и переведи́те на неме́цкий язык.

1. *Он не получа́л отве́та.*
   Он не получи́л ответа.
2. *Я не знаю, откуда он узнал о вашем прие́зде. Я не говорил ему.*
   Я не сказал ему о вашем приезде, потому что не ви́дел его.
3. *Я не читал эту статью́.*
   Я хотел прочитать эту статью, но не прочитал её.
4. *Он не приходил к нам.*
   Он ещё не пришёл, подожди́те!
5. *Брат никуда не уезжа́л.*
   Брат ещё не уе́хал.

G II. Вста́вьте глаго́лы ну́жного вида в форме императи́ва.

1. *Почему вы не входите? ..., пожалуйста! (входить — войти)*
2. *Я не возражаю, ... окно! (открывать — открыть)*
3. *Я не против, ... по телефону! (звонить — позвонить)*
4. *Вы хоти́те остаться у нас? Прекрасно,...! (оставаться — остаться)*
5. *Свет мне не помешает. ...! (включать — включить)*

III. Переделайте предложения в отрицательные.

1. *Бросьте эту бумагу в корзину!*
2. *Напечатайте эту статью на пишущей машинке!*
3. *Перестаньте работать!*
4. *Поставьте чемоданы туда!*
5. *Расскажи ему об этом!*
6. *Придите раньше девяти!*
7. *Начните работать!*

 IV. Отве́тьте на вопросы.

1. *Почему у Булга́кова была тяжёлая судьба?*
2. *Кому и где Булга́ков рассказывал свои выдуманные истории?*
3. *Что бы вы делали на месте Булга́кова?*
4. *Какой звоно́к по телефону мог бы вас вы́вести из равнове́сия?*

 V. Укажи́те анто́нимы.

1. *Это **тяжёлый** чемода́н.*
2. *Они **переста́ли** работать.*
3. *Почему ты такой **грустный**?*
4. ***Садись!***
5. *Сад находится **за** домом.*

 VI. Обрати́те внима́ние на интонацию.

1. *Мо́жно. Мо́жно! Мо́жно?*
2. *Это безобра́зие. Это безобразие! Это безобразие?*
3. *Они идут домой. Они идут домой! Они идут домой?*

Письмо советской школьницы австрийскому ученику

Здравствуй дорогой друг!

Большое спасибо, за то, что ответил. От тебя долго не было письма, и я думала, что ты не ответишь мне. У нас уже начался учебный год, я тебе уже писала, что я перешла в 9-ый класс. Мне осталось учиться 2 года, а потом я думаю поступать в институт, ты наверно знаешь, что это высшее учебное заведение. У нас в 10 классе сдают 9 экзаменов, может сделают ещё один. Ты знаешь, я очень боюсь сдавать сразу так много предметов, правда я уже сдавала экзамены и сдала хорошо — на 4 и 5, но ведь к экзаменам никогда не привыкнешь. Мы должны уже очень скоро переехать в Минск. Людвиг, ты знаешь как здорово это хорошо, ведь в Архангельске мы живём уже целых 10 лет, а ведь это всё таки север. Я не хочу уезжать только потому, что я дружу с мальчиком, а он очень очень хороший.

У нас всего 7 мальчишек в классе, так они смеются, что попали в окружение девушек.

А вообще ребята и девушки в классе очень хорошие. Мы учились в этом году 5 дней в неделю, а 1 день работаем в лесничестве. Потому что наша школа с уклоном на лесничество. Нашей школе выделили большой участок леса, и мы за ними ухаживаем. Там есть очень маленькие деревца, и поэтому за ними надо смотреть. Ой, Людвиг, извини пожалуйста. Я кончаю писать, ведь я совсем забыла, что я пишу на своём родном языке, а тебе придётся переводить, да ещё без словаря.

Досвидания

С большими приветами Марина.

Объяснения

Здравствуй — auch als Briefanrede möglich

институт — Hochschule

вы́сшее учебное заведе́ние (ВУЗ, вуз) — Höhere Lehranstalt (Universität und Hochschule)

может = может быть

укло́н — wörtl.: Neigung; hier: fachliche Ausrichtung (siehe 2. Lektion)

Из совреме́нной поэзии

Аэропо́рт

Аэропорт — всегда зага́дка,
Хоть всё изве́стно наперёд.
Уже объя́влена поса́дка.
ждёт пассажиров самолёт.

И стра́нно сознава́ть, что, ска́жем,
Сегодня днём вот этот бритт
Вот с этим са́мым саквоя́жем
Войдёт в свой дом на Беккер-стрит.

И не во сне — на са́мом де́ле
Инду́с, взгляну́вший на меня,
По вечере́ющему Де́ли
Пройдёт в конце́ того же дня.

В полёте нет было́го риска,
Он соверша́ется легко́,
И так мы друг от дру́га бли́зко,
Как друг от друга далеко́.

В. Лифшиц

* * *

Пришли́те грудну́ю кле́тку

Однажды Рентге́н получил странное письмо. Один человек проси́л учёного присла́ть ему ... не́сколько рентге́новских луче́й и объясни́ть, как ими по́льзоваться. Человек написал, что в его грудно́й кле́тке нахо́дится пу́ля, но поехать к Рентге́ну он не может, потому что у него нет времени.

Учёный отве́тил так:

«К сожале́нию, в настоящее время у меня нет рентге́новских луче́й. Я должен вам сказать, что посыла́ть эти лучи́ очень трудно. Сде́лаем проще: пришли́те мне вашу грудну́ю кле́тку!»

Мужчи́ны в расте́рянности ...

— Это мой ребёнок? ... А нет ли у вас кого-нибудь поти́ше?

— Спра́вочная?! Скажите, как уде́рживают ка́шу, когда она выполза́ет из кастрю́ли? ...

Всякое

Знаете ли вы, что ...

СССР имеет границу с 12 государствами. Длина границы больше 60 тысяч километров. Это в полтора раза больше длины экватора.

Анекдот

— Квартира у вас, наверное, очень тесная?
— Да, но как вы это узнали?
— Ваша собачка машет хвостом вверх-вниз, а не в стороны.

Ребус: Какая это страна?

> Без труда не вытащишь и рыбку из пруда.

Грамматика

Unpersönliches Fürwort „man"

Es wird wiedergegeben durch:

1. die 3. Person Mehrzahl ohne das Personalpronomen:

Здесь говорят по-русски.   — Hier spricht man russisch.
Здесь не курят.   — Hier raucht man nicht.

2. die 2. Person Einzahl, wenn man sich selbst in die Aussage einschließt, bzw. in Sprichwörtern:

За час не успеешь.   — In einer Stunde wird man damit nicht fertig.

Что посеешь, то и пожнёшь. — Was man sät, das wird man auch ernten.

3. den Infinitiv in Bedingungssätzen und in „Soll-Fragen":

Если говорить прямо, то вы не правы.	— Wenn man offen spricht, dann haben Sie unrecht.
Что делать?	— Was soll man tun?

Zu den Zeitangaben

Nach «раз» wird eine Zeitangabe mit в + 4. Fall ausgedrückt.

Unterscheiden Sie daher:

днём	— три ра́за в день
на этой неделе	— раз в неделю
в этом ме́сяце	— шесть раз в ме́сяц
в этом году́	— не́сколько раз в год

Упражнения

G   I. Обрати́те внима́ние на осо́бенность перево́да да́нной конструкции.

1. *Об этом много говорят.*
2. *Через год придёшь, а книги стоят на том же месте.*
3. *Его очень боятся.*
4. *Что посе́ешь, то и пожнёшь.*
5. *Что ответить на такой вопрос?*
6. *Бу́дущего не узна́ешь.*
7. *Если заниматься спортом, то упо́рно и регулярно.*
8. *Что делать в таком слу́чае?*
9. *Если покупать грамматику, то хорошую.*
10. *Там понимают по-русски.*

G   II. Переделайте данные усло́вные предложе́ния, употребля́я в усло́вном предложе́нии инфинити́в в ка́честве сказу́емого.

1. *Если покупаем вещь, то непреме́нно хорошую.*
2. *Если начинаете дело, то надо доводи́ть его до конца.*
3. *Если идёте прямо, скоро будет виден музей.*
4. *Если осматриваете Ленинград, надо побывать в Эрмита́же.*

G III. Переведите на русский язык.

1. *Sie muß die Medizin am Tag (dreimal am Tag) einnehmen.*
2. *Wir arbeiten in dieser Woche (einmal in der Woche) im Wald.*
3. *In diesem Monat wird Training sein. Training wird fünfmal im Monat sein.*
4. *Im Vorjahr erholten wir uns am Meer. Er schrieb uns zweimal im Jahr.*

K IV. Ответьте на вопросы.

1. *Что мы узнали из письма́ о Мари́не?*
2. *Чем, по-ва́шему, различа́ются города́ Минск и Арха́нгельск?*
3. *Как вы смо́трите на совме́стное обуче́ние ма́льчиков и де́вочек?*

L V. Определи́те значе́ние, если надо с по́мощью словаря́, сле́дующих слов и найди́те в пе́рвом те́ксте э́того уро́ка для них ро́дственные слова́.

1. *кружо́к*
2. *лесни́чий*
3. *поклони́ться*
4. *оста́ток*
5. *о́бщий*

P VI. Произнеси́те сле́дующие слова́.

без словаря́, в институ́те, вы́сшее, сдава́ть, экза́мен, уезжа́ть

A VII. Переведи́те предложе́ния, обраща́я внима́ние на ра́зницу в значе́нии.

1. *После окончания консерватории Ирина будет петь в Большом театре.*
2. *В воскресенье мы будем встречать наших родителей.*
3. *Нина будет возвращаться с работы рано.*
4. *Мы обяза́тельно будем изучать русский язык.*

1. *Артистка споёт романс Глинки.*
2. *В воскресенье я обяза́тельно встре́чу его и переда́м ваше письмо.*
3. *Нина вернётся с работы в четыре часа.*
4. *Мы обяза́тельно изу́чим русский язык.*

5-й урок

Советская печать пишет об Австрии

*Под заглавием «Основа мирного развития и независимости» коррес-
пондент «Правды» в Вене пишет по поводу австрийского национального празлника:*

26 октября 1955 года — парламент Австрийской Республики
принял конституционный закон о постоянном нейтралитете. Это
историческое для судеб страны решение сыграло исключительно
важную роль в жизни австрийского народа, определило пути его
мирного развития. Именно по этой причине день 26 октября
объявлен в Австрии национальным праздником.

Принятие закона о постоянном нейтралитете стало возможным в
результате заключения Государственного договора о восстанов-
лении независимой и демократической Австрии, который был подписан в мае 1955 года четырьмя великими державами и
австрийским правительством. Решающую роль как в подготовке,
так и в заключении этого договора, положившего начало новому
этапу в развитии послевоенной Австрии, сыграл Советский Союз.
Договор создал хорошую основу для новой роли нейтральной
альпийской республики на европейском континенте, для развития её добрососедских отношений с Советским Союзом и другими
странами.

Провозгласив постоянный нейтралитет и проводя нейтральную
политику, Австрия завоевала уважение во всём мире, получила
возможность всё в большей мере играть «важную роль в стабили-
зации политической обстановки в центре Европы».

Советскис люди, питая чувства йскренней симпатии и уважения
к народу Австрии, в день его национального праздника желают
ему новых успехов в проведении политики постоянного нейтрали-
тета, в развитии экономики, культуры, в укреплении независимости своей страны.

Вена, 25 октября.

О советской стране
Московские аэропо́рты

У сове́тской столи́цы три основны́х аэропо́рта — Вну́ково, Домо-
де́дово и Шереме́тьево.

Са́мый ста́рый аэропо́рт Москвы́ — Вну́ково. Отсю́да старту́ют
самолёты гла́вным о́бразом в ю́жном направле́нии, на куро́рты
Кры́ма и Кавка́за.

Путь на Да́льний Восто́к, в Сре́днюю А́зию, на Ура́л, в Сиби́рь и
Казахста́н начина́ется в Домоде́дове. Это са́мый кру́пный в СССР
аэропо́рт. Он был откры́т в 1965 году́. К аэропо́рту подведена́ электрифици́рованная желе́зная доро́га, автостра́да.

Междунаро́дный аэропо́рт Москвы́ — Шереме́тьево. Сюда́ прибыва́ют самолёты из Ло́ндона, Пари́жа, Нью-Йо́рка, Де́ли, Варша́вы, Будапе́шта, Берли́на, Пра́ги, Копенга́гена, Хе́льсинки,
Ве́ны, Амстерда́ма и други́х зарубе́жных городо́в. Сове́тский Сою́з
име́ет соглаше́ния о прямо́м возду́шном сообще́нии со мно́гими
стра́нами.

* * *

В музее ...

— Я же предупрежда́ла, экспона́ты
тро́гать рука́ми нельзя.

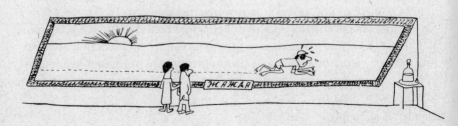

Всякое

Знаете ли вы, что ...

самая длинная авиалиния «Аэрофлота» от Москвы до Гаваны? Это расстояние одиннадцати тысяч километров.

Иностранный юмор

Питер вернулся с экзамена. Мать спрашивает:
— Какое впечатление произвёл экзаменатор?
— Очень набожный человек. Каждый раз, когда я что-то отвечал, он поднимал глаза к небу и восклицал: «Боже мой! Боже мой!»

Кроссворд

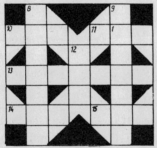

По горизонтали: 10. hundert, 11. Löwe, 13. Ingenieur, 14. Reis, 15. Sohn.

По вертикали: 8. Station, Bahnhof, 9. Pause, Unterbrechung, 12. Wald.

> Рыбак рыбака видит издалека.

Грамматика

много — многое — многие

1. Unterscheide!

| Он знает много. | — Er weiß viel. |
| Он знает многое. | — Er weiß vieles (vielerlei). |

много друзей   — viele (eine große Anzahl) Freunde
многие друзья   — viele (verschiedene) Freunde

Beachte! Hauptwörtlich gebrauchtes „viele" muß mit «многие» übersetzt werden: Многие работают. — Viele arbeiten.

2. Diese Wörter werden adjektivisch dekliniert:

со многими странами

во многих школах

Мы говорили о многом

Deklination der Grundzahlen 200—900

Bei den zusammengesetzten Grundzahlwörtern 200—900 werden **beide** Teile dekliniert:

двести	триста	четыреста	пятьсот
двухсот	трёхсот	четырёхсот	пятисот
двумстам	трёмстам	четырёмстам	пятистам
двести	триста	четыреста	пятьсот
двумястами	тремястами	четырьмястами	пятьюстами
двухстах	трёхстах	четырёхстах	пятистах

Zur Übersetzung von „auch"

1. тоже: bezieht sich auf das **vorher** Genannte.
2. также: bezieht sich auf das **nachfolgende** Wort; es hat den Nebensinn кроме того (außerdem), даже (sogar).
3. и: kann sowohl statt тоже als auch für также stehen.

Коля тоже работает. = И Коля работает. — Kolja arbeitet auch.

Kolja arbeitet auch. = Auch **Kolja** arbeitet.

(Sinn: Der Vater arbeitet, die Mutter arbeitet, Kolja arbeitet auch.)

Коля также работает. = Коля и работает.

Kolja **arbeitet** auch. = (Auch **arbeiten** tut Kolja.)

(Sinn: Kolja studiert, Kolja betreibt Sport, Kolja arbeitet außerdem auch.)

MERKE BESONDERS:

es gibt auch — есть и   aber auch — а также

ebenso auch — также и   nicht nur — sondern auch

не только — но и

Упражнения

G I. Вставьте слова «многое» и «многие» в нужном падеже.

1. *Иван Владимирович владеет ... иностранными языками.*
2. *Мы ходили по ... магазинам.*
3. *Учитель говорил с нами о ... актуальных проблемах.*
4. *Мы разговаривали о ...*
5. *Это мнение ... учёных.*
6. *... так думают.*
7. *Во ... русских городах есть университеты.*

G II. Замените «и» словами «тоже» или «также». Переведите эти предложения.

1. *И Антон работает на заводе. — Антон работает и на заводе.*
2. *И я говорил с братом. — Я говорил и с братом.*
3. *И эта машина принадлежит Вадиму. — Эта машина принадлежит и Вадиму.*

G III. Обратите внимание, при помощи каких союзов переводится слово „auch".

1. *In der Sowjetunion gibt es viel Erdöl. Bei uns gibt es auch (welches).*
2. *Kolja ist ein guter Sportler. Sein Bruder betreibt auch Sport.*
3. *Seine Schwester singt herrlich. Sie tanzt auch gut.*
4. *In diesem Geschäft verkauft man Schallplatten, aber auch Bücher.*
5. *Er war in Italien. Wir haben uns auch dort erholt.*

G IV. Умножьте приведённые числительные на десять и на сто и поставьте их в нужном падеже.

1. *Не хватает двух билетов.*
2. *Экскурсовод приехал с тремя туристами.*
3. *Четырём ученикам нужны новые книги.*
4. *Артисты выступают в пяти городах.*
5. *Я прочитал около семи страниц.*

W V. Переведи́те предложе́ния, обраща́я внима́ние на значе́ние слова «всё».

1. Австрия всё в бо́льшей ме́ре играет важную роль в стаби-лиза́ции политической обстано́вки в центре Евро́пы.

2. Не звони́ ему, он всё равно́ не придёт.

3. Хотя́ у меня много работы, всё же приходи́ ко мне!

4. Мы летели всё выше.

5. Он всё ещё не умеет плавать.

6. Ему всё равно́.

7. Мы были всё лето в дере́вне.

L VI. Поста́вьте следующие существи́тельные в имени́тельном па-деже еди́нственного числа́.

1. линеек
2. судеб
3. сказок

4. дереве́нь
5. ку́хонь
6. тро́ек

K VII. Ответьте на вопросы.

1. Почему 26-е октября́ объя́влено в Австрии национальным пра́здником?

2. Когда и кем подписан государственный догово́р?

3. На какой осно́ве развива́ются отноше́ния между СССР и Австрией?

4. В каких областя́х развива́ются отноше́ния между Со-ветским Союзом и Австрией?

P VIII. Произнесите следующие слова.

заключе́ние — отноше́ние
получи́ть — положи́ть
проще — ниже

вещи — ваши
чистый — житель
ключи́ — ножи́

A IX. Употреби́те нужный вид инфинитива.

1. Дети переста́ли (играть — сыграть).

2. Они продолжа́ли (петь — спеть).

3. Дети на́чали (писать — написать) зада́ние.

4. Переста́ньте (кричать — закричать)!

5. Продолжа́йте (читать — прочитать)!

Илья Ильф (1897—1937) и Евгений Петров (1903—1942)
Отрывок из романа «Золотой телёнок».

Пешеходы

Пешеходов надо любить. Пешеходы составляют бо́льшую часть человечества, лучшую его часть. Пешеходы создали мир. Это они построили города́, возвели многоэта́жные здания, провели канализа́цию и водопрово́д, замости́ли у́лицы и освети́ли их электри́ческими лампами. Это они распространи́ли культу́ру по всему све́ту, изобрели́ книгопеча́тание, вы́думали по́рох, перебро́сили мосты́ через реки, расшифрова́ли еги́петские иеро́глифы и ввели́ в употребле́ние безопа́сную бри́тву.

И когда всё было гото́во, когда родна́я планета приняла́ благоустро́енный вид, появи́лись автомобилисты.

Надо заме́тить, что автомобиль тоже был изобретён пешехо́дами, но автомобили́сты об этом как-то сразу забы́ли. Кро́тких и у́мных пешеходов стали дави́ть. У́лицы, со́зданные пешехо́дами, перешли́ во власть автомобили́стов. Мостовы́е стали вдво́е шире, тротуа́ры су́зились до разме́ра таба́чной бандеро́ли. И пешехо́ды стали испу́ганно жаться к дома́м.

В больши́х города́х пешехо́ды веду́т му́ченическую жизнь. Им разреша́ют переходить улицу только на перекрёстках, то есть и́менно в тех места́х, где движе́ние сильне́е всего и где волосо́к, на кото́ром обы́чно виси́т жизнь пешехо́да, ле́гче всего оборва́ть.

... И только в маленьких русских города́х пешехода ещё уважают и любят. Там он ещё явля́ется хозя́ином у́лиц, беззабо́тно бро́дит по мостово́й и пересека́ет её в любо́м направлении.

Объяснения
ввести́ в употребле́ние — hier: einführen
как-то сра́зу = неожи́данно

вдво́е ши́ре — doppelt so breit
таба́чная бандеро́ль — Tabakpäckchen
жать: жму, жмёшь — drücken

О советской стране

Грани́цы сове́тской столи́цы

В 60-ые го́ды зако́нчилось строи́тельство ещё одно́й тра́нспортной магистра́ли — автостра́ды вокру́г Москвы́.

Но́вое шоссе́ — грани́ца совреме́нной Москвы́. Его́ длина́ — 109 киломе́тров. Са́мое коро́ткое расстоя́ние от кольца́ до це́нтра го́рода — 15 киломе́тров, са́мое большо́е — 22.

Пло́щадь го́рода увели́чилась бо́лее чем в два ра́за и занима́ет 870 км^2 вме́сто пре́жних 350 км^2. За но́вой грани́цей простира́ется огро́мный лесопа́рковый по́яс.

Но́вое шоссе́ разгружа́ет движе́ние в це́нтре го́рода. Транзи́тным автомоби́лям не на́до тепе́рь заезжа́ть в центр. Они́ без заде́ржки попада́ют на ну́жное шоссе́.

Объяснения

увели́читься в два раза = стать вдво́е больше

*   *   *

Наде́жда

Изве́стный матема́тик Пойа́ чита́л ле́кции для студе́нтов , — изуча́ющих тео́рию вероя́тностей.

Одна́жды он рассказа́л им исто́рию о враче́, не понима́вшем э́ту тео́рию.

К э́тому врачу́ пришёл больно́й. Осмотре́в его́, врач сказа́л:

— О, у вас о́чень серьёзная боле́знь. Из десяти́ челове́к, заболе́вших е́ю*, де́вять умира́ют.

Больно́й, коне́чно, о́чень испуга́лся.

— Но вам повезло́, — продолжа́л врач, — де́вять больны́х у меня́ уже у́мерли от этой боле́зни. Ра́дуйтесь: вы — тот деся́тый больно́й, кото́рый обяза́тельно вы́здоровеет.

* ею = ей

Чудаки́ ...

Ра́зные то́чки зре́ния   Запре́тный плод.

Вся́кое

Зна́ете ли вы, что ...

са́мое высо́кое сооруже́ние Сове́тского Сою́за — э́то телевизио́нная ба́шня (телеба́шня) в Москве́. Она́ высото́й в 500 ме́тров.

Иностра́нный ю́мор

— Ма́ма, дай мне франк.

— Для чего́ тебе́, мой ма́льчик?

— Что́бы отда́ть его́ одному́ бе́дному челове́ку, кото́рый кричи́т на углу́ у́лицы.

Мать, о́чень дово́льная добро́то́й своего́ сы́на, дала́ ему́ де́ньги и спроси́ла:

— А почему́ же кричи́т э́тот челове́к?

— Он продаёт моро́женое.

Скорогово́рка

На́ша река́ широка́, как Ока́, так, как Ока́, широка́ на́ша река́.

| Лу́чше по́здно, чем никогда́. |

Грамматика

Bildung des passiven Mittelwortes der Vergangenheit

Es gibt drei Bildungsarten:

1. Die Endung -нный 3 tritt an die Stelle der Nennformendung des vollendeten Aspektes der Verben auf -ать, -ять und mehrsilbiger auf -еть. Im Infinitiv nicht endbetonte Verben behalten im passiven Mittelwort der Vergangenheit die Betonung bei, endbetonte ziehen sie um eine Silbe vor:

сде́лать	— сде́ланный 3	gemacht
прочита́ть	— прочи́танный 3	gelesen
осмотре́ть	— осмо́тренный 3	besichtigt

Kurzform: сде́лан, сде́лана, сде́лано, сде́ланы.

2. -енный (-ённый) tritt an Stelle der Endung -ю/-у (1. P. Sg. des vollendeten Futurums) bei den Verben auf -ить, -зти, -сти, -чь sowie den Komposita von идти. Beachte den Lautwandel. Bei den Verben auf -ить richtet sich die Betonung nach der 2. P. Sg. des vollendeten Futurums (nicht endbetonte -енный, endbetonte -ённый). Die übrigen Verben bilden das Mittelwort in der Regel auf -ённый.

купи́ть	— ку́пленный 3	gekauft
унести́	— унесённый 3	fortgetragen
заже́чь	— зажжённый 3	angezündet

Kurzform: von -ённый abgeleitete Kurzformen sind endbetont.

унесённый — унесён, унесена́, унесено́, унесены́.

3. Die Endung -тый steht immer dann, wenn vor der Nennformendung о, ы, у stehen; außerdem ist sie **häufig** bei **ein**silbigen Verben anzutreffen:

взять	— взятый	genommen
спеть	— спетый	gesungen
вы́пить	— вы́питый	getrunken
моло́ть	— мо́лотый	gemahlen
откры́ть	— откры́тый	geöffnet
наду́ть	— наду́тый	aufgeblasen

Betonung: entspricht der männlichen Einzahl der Vergangenheit.

Mittelwörter einsilbiger präfigierter Wörter sind häufig auf dem Präfix betont, die weibliche Kurzform ist dann endbetont:

нача́ть — на́чатый; на́чат, начата́, на́чато, на́чаты

становиться — стать

Dieses wichtige unregelmäßige Zeitwort hat **drei** Bedeutungen:

1. sich stellen

  Станьте сюда!

2. werden (Nach diesem Verb stehen Hauptwörter **immer** und Langformen von Eigenschaftswörtern **meistens** im 5. Fall.)

  Он хочет стать врачом.

  Она ста́ла не́рвной (ODER: нервная).

ABER! Стано́вится темно. (sächliche Kurzform)

3. beginnen (diese Bedeutung hat nur der **vollendete** Aspekt)

  Де́ти стали писать.

ABER! Де́ти начина́ют писать. (Gegenwart)

Упражнения

G   I. Определи́те при по́мощи словаря́, от каких глаго́лов образо́ваны следующие прича́стия и переведите словосочета́ния.

  1. упрощённая конструкция   5. на́йденное реше́ние

  *2. соста́вленный список   6. сооружённый па́мятник
  уча́стников*

  3. повы́шенный у́ровень жи́зни 7. принесённый пода́рок

  4. зажжённые све́чки   8. ввезённые това́ры

G   II. Переде́лайте словосочета́ния в предложе́ния по образцу́:
  прочи́танная всеми учени́ками книга —
  Книга прочи́тана всеми учениками.

  1. все ку́пленные вещи

  2. изобретённый человеком автомобиль

  3. постро́енные в центре города здания

  4. решённые инженерами технические проблемы

  5. написанные школьниками контрольные работы

  6. освещённая комната

G III. Замените пассивные конструкции активными.

1. *Кем создан мир?*
2. *Там построено много новых городов.*
3. *Комната освещена слабым светом.*
4. *Установлено, что мы встретимся в шесть часов.*
5. *Вы знаете, кем был изобретён автомобиль?*
6. *Это не разрешено.*
7. *Где будут изготовлены эти вещи?*

G IV. Переведите предложения, обращая внимание на значение глаголов.

1. *Кем вы хотите стать?*
2. *Погода становится всё лучше.*
3. *Он стал нервным.*
4. *Станьте сюда! Отсюда хорошо видно.*
5. *Он стал учить слова.*

W V. Закончите предложения, употребляя конструкцию «вдвое + компаратив».

1. *Наш дом высокий, а ваш ...*
2. *Мои часы дорогие, а твои ...*
3. *У нас фрукты стоят дёшево, а на юге ...*
4. *До стоянки такси близко, а до остановки трамвая ...*
5. *Здесь глубоко, а там ...*
6. *Саша спит долго, а его маленькая сестра ...*

L VI. Назовите антонимы.

1. *большая часть*   4. *легче*
2. *лучшая часть*   5. *сильнее всего*
3. *шире*   6. *умнее*

L VII. Переведите следующие предложения на немецкий язык, обращая внимание на омонимы.

1а. *Вы уже читали роман Толстого «Война и мир»?*
  б. *Этот роман знают во всём мире.*
  в. *Люди во всём мире хотят жить в мире.*
  г. *Миру мир.*

2а. *Включи́те, пожа́луйста, свет!*
  б. *Я хотел бы путешествовать вокруг све́та.*
  в. *Хорошо жить на све́те.*
  г. *Здесь читать нельзя. Свет лампы сли́шком слабый.*

3а. *Как вы прово́дите свободное время?*
  б. *Вы нас сможете провести́ через этот лес?*
  в. *Монтёры провели́ водопрово́д.*
  г. *Где вы провели́ каникулы?*
  д. *Мы уже проводи́ли практику.*

К VIII. Ответьте на вопросы.

   1. *Как можно защища́ть пешеходов от автомобилистов?*
   2. *Почему многие отка́зываются от собственной машины?*
   3. *Какие изобретения имеют для человечества самое большое*
     значение?
   4. *Кто ведёт, по-вашему, мучени́ческую жизнь?*
   5. *Назовите случаи, когда жизнь человека виси́т на волоске!*

Р IX. Произнесите следующие слова.

больша́я часть	— бо́льшая часть
созда́ть	— со́здал
го́род	— города́
ме́сто	— места́
река́	— ре́ки
лес	— леса́
зда́ние	— ста́нция
заме́тит	— заме́тить
гото́в	— гото́во
эта́ж	— одноэта́жный
кана́л	— канализа́ция
торго́вля	— забы́ла

Д X. Вставьте глаго́лы ну́жного вида в форме проше́дшего вре-
    мени.

   1. *Вчера весь вечер мы ... телевизор.*
    (смотреть — посмотреть)

2. *Я ... новые слова целый час. (учить — выучить)*
   Я хорошо ... новые слова.

3. *Ты долго ... эту книгу? (читать — прочитать)*

4. *Мы ... эти задачи весь урок. (решать — решить)*
   Володя ... все задачи правильно.

5. *Мой товарищ ... русский язык два года.*
   (изучать — изучить)

6. *Рабочие ... это здание полгода. (строить — построить)*

7-й урок

Алексей Арбузов
(род. в 1908 г.)
Отрывок из пьесы «Таня»

Только работа ...

Игнатов. Нет, Москву забыть трудно. (Горячо.) Помните — Воробьёвы горы, арбатские переулки...

Таня. Я не люблю Арбата.

Игнатов (обескураженно). Смотри-ка... Ну, а как вы в наши края попали? Небось романтика привлекла — дальний север, золотоискатели, тайга, — так ведь?

Таня. Романтика? Не знаю. Просто езжу по разным дорогам, в разную погоду, к разным людям. Вот и всё.

Игнатов. Что-то вы уж очень упрощаете, товарищ доктор...

Таня. Да! С некоторых пор меня пугают усложнения. (Пауза.) Конечно, условия работы здесь... своеобразные. Безлюдье, бездорожье, дождь, снег, метели — и всё время в пути! Первые месяцы думала, не выдержу — очень боялась тайги, мне всё казалось, что я заблужусь, попаду в пургу... Но время прошло, и я привыкла.

Игнатов. Ну, а почему вы всё-таки приехали именно сюда, в Сибирь?

Таня. Мне казалось... Я... Просто мне предложили поехать в этот район, и я согласилась.

Игнатов. Жале́ете об этом?

Таня. Во́все не жале́ю... И вообще́ всё это не важно.

Игнатов: А что же, по-вашему, важно?

Таня. Важно, что я чу́вствую себя здесь поле́зной. Остально́е не суще́ственно. Только работа может принести́ человеку и́стинное счастье. Всё про́чее — вы́думка, ложь!

Объяснения

Воробьёвы го́ры — теперь «Ле́нинские горы», холм на юге Москвы

Арба́т — один из районов старой Москвы

что-то — как-то

пурга́ = мете́ль

Реклама

КВАС име́ет *многовекову́ю исто́рию.*
Это самый известный в Советском Союзе
БЕЗАЛКОГОЛЬНЫЙ НАПИТОК —
вкусный, освежающий, без кофеина.

Он содержит ВИТАМИНЫ,
питателен, легко усвояем,
полезен для всех возрастов.

Изготовляется из КОНЦЕНТРАТА КВАСА, который экспортируе(

Монопольный оптовый экспортер В/О СОЮЗПЛОДОИМПОРТ
Москва Г-200, СССР
Телекс: 262

* * *

Ей больше нравится эта рыба

Однажды в рыбный магазин пришёл один мужчи́на с у́дочками в рука́х:

— Я хочу, чтобы вы мне да́ли не́сколько небольших рыб. Сделайте так, чтобы было похо́же, что они по́йманы сегодня, — сказал он продавцу́.

— Сколько рыб вам дать? — спроси́л продаве́ц.

— Дайте мне три или лучше четыре маленькие рыбы. Это будет похо́же на правду, — ответил мужчи́на.

— Я думаю, вам лучше взять одну большую рыбу, — предложи́л продаве́ц.

— Почему вы так думаете? — уливи́лся мужчи́на.

— Сегодня рано утром приходи́ла ваша жена́. Она сказала, что, если вы придёте сюда с у́дочками в рука́х, то я должен уговорить вас купи́ть эту большую рыбу. Ей больше нравится эта рыба.

Привы́чка — вторая нату́ра . . .

Си́ла привы́чки

В семье́ хирурга:
— Папа, ты, наве́рно, ма́ло нарко́за дал!

Вся́кое

Знаете ли вы, что . . .

если сравни́ть пло́щадь Сибири с пло́щадью Австралии, то после́дняя будет меньше.

Юмор

— Глупый челове́к задаёт больше вопросов, чем умный на них может отве́тить, — сказал один профессор.

— Поэтому так много студентов прова́ливаются на экзаменах, — доба́вил студент.

Зага́дка

Из дли́нного сде́лайте бо́лее коро́ткое:

1. который, 2. пока, 3. стол, 4. Макар, 5. победитель, 6. винегрет, 7. автомобильный, 8. разговор, 9. трибуна.

In jedem der obenstehenden Wörter ist ein kleineres Wort versteckt. Die zu suchenden Wörter haben folgende Bedeutung:

1. Haustier, 2. Fluß in der Sowjetunion, 3. Zahl, 4. Blume, 5. Mahlzeit, 6. Bewohner Afrikas, 7. Fahrzeug, 8. Verbrecher, 9. Zahl.

Die Anfangsbuchstaben der Lösungswörter ergeben, von oben nach unten gelesen, einen modernen Beruf.

Ум хорошо, а два лучше.

Грамматика

Possessivadjektiva

Ein Besitzverhältnis kann im Russischen auch durch das sogenannte Possessivadjektiv (besitzanzeigendes Eigenschaftswort) ausgedrückt werden. Es wird vornehmlich von Namen, Verwandtschafts- und Berufsbezeichnungen abgeleitet. Man erkennt es an den Endungen:

-ов, -ова, -ово, -овы	де́дово пальто	= пальто де́да
-ев, -ева, -ево, -евы	учи́телевы очки́	= очки учителя
-ин, -ина, -ино, ины	Пе́тина книга	= книга Пети

Das Possessivadjektiv wird meist durch den attributiven Genetiv ersetzt.

Zum Reflexivpronomen

Das deutsche reflexive Fürwort wird meistens durch «-ся» wiedergegeben (**sich** fürchten — боя́ться). Bei einigen wenigen Wörtern —

in diesen Fällen ist es **phraseologisch** gebunden — muß des Reflexiv-
pronomen mit «себя» übersetzt werden:

чу́вствовать себя   — sich fühlen
вести́ себя   — sich aufführen, sich benehmen
взять себя в ру́ки   — sich zusammennehmen

Упражнения

G   I. Замени́те притяжа́тельные прилага́тельные роди́тельным падежо́м существи́тельного.

     1. Да́йте мне Та́нину кни́гу!
     2. Не зна́ете ли вы Ива́новых сынове́й?
     3. Я ищу́ ма́мины очки́.
     4. Мой брат живёт в Петро́вом до́ме.
     5. Лю́ся наде́ла тётино пальто́ и ушла́.

G   II. Переведи́те на неме́цкий язы́к.

     1. Как вы себя́ чу́вствуете? Как чу́вствует себя́ наш пацие́нт?
         В э́том рома́не чу́вствуется большо́й тала́нт писа́теля.
     2. Ма́льчик взял себя́ в ру́ки и не запла́кал.
         Де́ти взяли́сь за́ руки и ста́ли танцева́ть вокру́г ёлки.
     3. Они́ веду́т себя́ о́чень пло́хо.
         На уро́ке все разгово́ры веду́тся на ру́сском языке́.

G   III. Переде́лайте предложе́ния, употребля́я словосочета́ние «чу́вствовать себя́».

     1. Больно́му о́чень пло́хо.
     2. Как живёте?
     3. Мне опя́ть хорошо́.
     4. Как твоё здоро́вье?
     5. Как роди́тели?

W   IV. Переведи́те на неме́цкий язы́к.

     1. С не́которых пор он живёт у нас.
     2. На пе́рвых пора́х бы́ло о́чень тру́дно жить в тайге́.
     3. С каки́х пор вы изуча́ете ру́сский язы́к?
     4. В ту по́ру у нас в дере́вне шко́лы не́ было.

5. С тех пор прошло много лет.

6. Порá в школу!

7. До сих пор мы об этом ничего не знали.

8. Не порá ли нам идти на работу?

L V. Переделайте предложения, употребляя словá «по-мóему, по-твóему, по-нáшему, по-вáшему».

1. Я думаю, что он прав.

2. Мы считаем, что это не так.

3. Как вы думаете, кто более сильный шахматист?

4. Ты считаешь, что они выиграют?

K VI. Ответьте на вопросы.

1. Почему услóвия работы на севере тяжёлые?

2. Почему Таня остáлась на севере?

3. Почему многие туристы едут на север?

P VII. Обратите внимáние на интонáцию вопрóсов.

1. Жалéете об этом?

2. Это важно?

3. Вы любите Арбáт?

4. Время уже прошлó?

5. Ромáнтика?

A VIII. Образуйте отрицáтельные предложéния.

1. Тебе надо записаться в библиотеку.

2. Вам следует купить месячный билет на автобус.

3. Этот фильм стоит посмотреть.

4. Нужно обяснить, почему вы не пришли.

5. Советую вам принять участие в вечере.

6. Надо открыть окно.

7. Вам стоит познакомиться с моим соседом.

8. Я намерен поехать к родителям.

8-й урок

Юрий Казаков (род. в 1927 г.)
Отрывок из рассказа «Голубое и зелёное».

Молодым быть ...

Молодым быть очень плохо. Жизнь проходит быстро, тебе уже семнадцать или восемнадцать лет, а ты ещё ничего не сделал, ты только собираешься что-то делать. Неизвестно даже, есть ли у тебя какие-нибудь таланты. А хочется большой, напряжённой жизни! Хочется писать стихи, чтобы все знали их наизусть. Или совершить множество подвигов. Или полететь в ракете в космическое пространство. Что же мне делать? Что сделать, чтобы жизнь не прошла даром, чтобы каждый день был днём борьбы и побед? Я живу в постоянной тоске, меня мучит мысль, что я не герой, не открыватель нового, не путешественник. Способен ли я на подвиг? Есть ли у меня сила воли?

Хуже всего то, что никто не понимает моей муки. Все смотрят на меня, как на мальчишку. И только Лиля, одна Лиля понимает меня, только с ней я могу быть до конца откровенным.

Мы давно уже занимаемся в школе: она — в девятом, я — в десятом. Я решил заняться плаванием и стать чемпионом СССР, а потом и мира. Уже три месяца хожу я в бассейн. Кроль — самый лучший стиль. Это самый стремительный стиль. Он мне очень нравится. А по вечерам я люблю мечтать.

Я начинаю ходить по московским геологическим учреждениям. У них звучные загадочные названия. Да, экспедиции отправляются. В Среднюю Азию, и на Урал, и на Север. Да, работники нужны. Какая у меня специальность? Ах, у меня нет специальности ... Очень жаль, но мне ничем не могут помочь. Мне необходимо учиться. Рабочим? Рабочих они нанимают на месте. Всего доброго! И снова я хожу в школу, готовлю уроки ... Хорошо, я кончу десять классов и поступлю в институт. Мне теперь всё безразлично. Я поступлю в институт и стану потом инженером или учителем. Но в моём лице люди потеряют великого путешественника.

Всё свободное время я провожу с Лилей. Я люблю её ещё больше.

Я не знал, что любо́вь может быть бесконе́чной. Но это так. С каждым ме́сяцем Лиля делается мне всё доро́же, и нет же́ртвы, на которую я бы не пошёл ра́ди неё. Она часто звони́т мне по телефо́ну. Мы до́лго разгова́риваем, и я вообража́ю её лицо, а по́сле разгово́ра ника́к не могу взя́ться за уче́бники, не могу успоко́иться.

Объясне́ния

хо́чется большо́й жи́зни — erg.: **тебе** хо́чется большо́й (= по́лной, насы́щен-ной) жи́зни. Nach «хоте́ть» stehen abstrakte Begriffe im Genitiv!

занима́ться в шко́ле = учи́ться в шко́ле

кроль — вид пла́вания

Лиля де́лается мне всё доро́же = Лиля стано́вится мне всё доро́же

деся́тый класс — после́дний класс десятиле́тней шко́лы. В нём у́чатся шко́ль-ники шестна́дцати, семна́дцати лет.

самый лу́чший стиль — eine der **vier** möglichen Formen des Superlativs von хоро́ший:

1. самый хоро́ший
2. самый лу́чший
3. лу́чший (besserer **und** bester)
4. наилу́чший (allerbester)

Из совреме́нной поэ́зии

Тишина́

Челове́ку быва́ет нужна́
Тишина́.
Чтобы слы́шать,
Как ды́шит трава́.
Чтобы ве́рить,
Что ре́чка жива́,
Чтобы ду́мать о пе́сне
В ночи́,
Чтобы слы́шать,
Что пу́шка мертва́
И что се́рдце люби́мой
Стучи́т.
Челове́ку нужна́
Тишина́.

В. Куле́мин

* * *

Умный ребёнок

Один отец очень горди́лся своим сы́ном. Один раз он захотел показать другу, какой у него умный сын.

— Моему сыну только два года, но он знает всех живо́тных, — сказал отец. — Я думаю, что он будет знамени́тым учёным.

Отец доста́л с по́лки «Исто́рию приро́ды», посади́л на коле́ни ма́ленького сына, открыл книгу и показал картинку. Там была нарисо́вана ло́шадь.

— Что это, сыно́к? — спросил он.

— Лошадь.

На следующей страни́це был нарисо́ван тигр.

— А что это?

— Кошка.

Потом отец показал следующую картинку, где был нарисо́ван лев. Сын ответил, что это собака. А когда сын увидел картинку, где была нарисована обезья́на, он кри́кнул:

— А это мой папа!

Человек и живо́тные . . .

Кто — кого . . .

Всякое

Знаете ли вы, что . . .

в слова́рном запа́се русского языка́ бо́лее 200.000 (двухсо́т ты́сяч) слов?

Шутка

Два владе́льца соба́к хва́стаются:
— Моя собака читает газеты.
— Знаю. Мне об этом рассказывал мой Ша́рик.

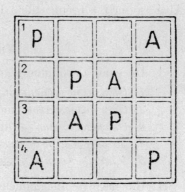

«Р» и «А» в квадра́те

1. То, в чём картина.
2. ро́дственник
3. сквер
4. река в азиатской ча́сти СССР

Сме́лость города́ берёт.

Грамматика

ложь, рожь, любо́вь, це́рковь

1. Diese Wörter gehören zur i-Deklination.
2. im Genetiv, Dativ und Präpositiv fällt das -o- aus.
3. ложь (Lüge), рожь (Roggen), любовь (Liebe) sind nur im Singular gebräuchlich, церковь (Kirche) hat im 3., 5. und 6. Fall der Mehrzahl harte Endungen:

ложь, лжи ... 5. F.: ло́жью
рожь, ржи ... 5. F.: ро́жью
любо́вь, любви́ ... 5. F.: любо́вью
це́рковь, це́ркви ... 5. F.: це́рковью
Mz.: це́ркви, церкве́й, церква́м ...

6. Fall Ez. auf betontes -й
Eine kleine Anzahl weiblicher Hauptwörter der III. Deklination hat

nach den Vorwörtern «в» und «на» eine **betonte** Lokativendung, z. B.:

в связи́ с   — in Zusammenhang mit
в степи́   — in der Steppe
на двери́   — auf der Tür
Aber: ду́мать о сте́пи (kein Lokativ!)

Упражнения

 I. Поста́вьте стоя́щие в ско́бках слова́ в ну́жном падеже́.

1. *Они были в (це́рковь).*
2. *Олег делает свою работу с (любо́вь).*
3. *Оказа́лось, что он ничего не знал об этой (ложь).*
4. *Здесь растёт много (рожь).*
5. *У нас в Австрии много (це́рковь).*

 II. Переведи́те предложе́ния и объясни́те употребле́ние конъ-юнкти́ва.

1. *Я хочу, чтобы ты пришёл ко мне.*
2. *Что сделать, чтобы жизнь не прошла даром?*
3. *Мы позвонили бы им по телефону, если бы знали их номер телефона.*
4. *Нет жертвы, на которую я не пошёл бы ради неё.*
5. *Мать сказала, чтобы ты вернулась не позже шести.*

 III. Образуйте предложения с ко́свенным вопро́сом.

1. *У него есть какие-нибудь тала́нты? (Неизве́стно, …)*
2. *Он понимает нашу проблему? (Мы не знаем, …)*
3. *Ли́ля пойдёт в бассейн? (Алёша спросил, …)*
4. *Кто-нибудь звони́л по телефону? (Я хотел узнать, …)*
5. *Юра занимается пла́ванием? (Учи́теля интересует, …)*
6. *Мы говорили об этом? (Я не помню, …)*

IV. Переведи́те предложе́ния, обраща́я внима́ние на значе́ние сло́ва «собира́ться».

1. *Лариса собирается поехать летом за грани́цу.*
2. *Мы собираемся в путь.*
3. *Родители собираются в гости.*

4. Я собираюсь посмотреть этот фильм.

5. Туристы собираются на Московском вокзале.

K V. Ответьте на вопросы.

1. Расскажите, к чему у вас проявляются способности!

2. О чём вы мечта́ете?

3. С кем вы предпочита́ете разговаривать о своих проблемах?

4. Каким ви́дом спорта вы занима́етесь?

5. Как вы прово́дите свободное время?

6. Сколько лет ученика́м 10-го класса в СССР?

L VI. Определи́те значе́ние, если надо с по́мощью словаря́, сле́дую-
щих слов и найди́те в тексте для них ро́дственные слова́.

1. напряжение	*5. сильный*
2. путешествие	*6. жертвовать*
3. спокойный	*7. победитель*
4. бороться	

P VII. Как произносятся следующие слова?

*соверш́ить, путеше́ствие, **жизнь**, **жертва**, напряжённый,*
пошёл, специалист.

A VIII. Вставьте глаго́лы ну́жного вида в форме проше́дшего времени.

1. — Что вы делали вчера вечером? (писать — написать)
— Вчера вечером я делал уроки, потом ... письмо домой.
— А вы ... письмо?
— Нет, я не ... письмо, потому что ко мне пришли гости.

2. — Вы знаете урок хорошо? (учить — выучить)
— Да, я ... урок хорошо.

3. — Что делал Володя вечером? (смотреть — посмотреть)
— Вечером Володя ... журналы в библиотеке. Когда он...
журналы, он пошёл домой.

4. Сегодня я ... в буфете. Когда я ..., я видел там Серёжу.
Когда я ..., я пошёл на занятия. (завтракать — позав-
тракать)

5. — Ты ... вчера задачи? (решать — решить)
— Да, ...
— Ты ... все задачи?
— Да, я ... почти все. Я не ... только одну задачу, она очень трудная.

Школа 2000 года

Какой её видят советские школьники

(Из «Учительской газеты».)

«Какой я представляю себе школу 2000-го года?» — такую тему сочинения предложили сами школьники — латвийские старшеклассники.

Ребята хотели всерьёз подумать, пофантазировать, зная, что их соображения интересны социологам, прогнозистам, всем, кто уже сегодня размышляет о завтрашнем дне народного образования: каким оно должно быть в условиях современной научно-технической революции?

2000 год ... Для тех, кто сегодня сидит ещё за партой, конец XX и начало XXI века — пора зрелости, когда у многих из них будут дети-школьники того же возраста, как и они сами теперь.

Когда все, кем бы они ни были — рабочими, колхозниками, представителями интеллигенции, сотрудниками или руководителями предприятий и учреждений, так или иначе, прямо или косвенно столкнутся с проблемами подготовки и переподготовки кадров в эпоху бурного научно-технического прогресса.

И вот перед нами десятки сочинений, написанных школьниками различных городов Латвии.

«По-моему, главную роль в школе будущего займёт телевидение, — полагает девятиклассница Тамара. — Залы стереотелевидения — как театры. Удобно устроившись в мягких креслах, мальчики и девочки будут слушать лекции выдающихся учёных. Хорошо ли усвоен материал, тут же проверят электронные экзаменаторы. Есть ошибка — укажут на неё, объяснят, почему возникла. После занятий для мальчиков и девочек, живущих в своём просторном городе-школе, наступают часы отдыха, спортивных соревнований. А если приходит время сна — все устраиваются перед индивидуальными гипнотелевизорами, чтобы утром проснуться, освоив ещё несколько премудростей из разных наук» ...

— Постойте! — как будго вступает в спор десятиклассник Константин. — Не слишком ли это скучно — получать знания без всякого умственного напряжения?

«Думаю, что и через 30 лет в школе будут проходить уроки, только несравненно интереснее, чем сейчас. В расписании будет предусмотрено время, чтобы самостоятельно поработать в научной лаборатории, в библиотеке, мастерской. В школе будущего будут кабинеты ускоренного изучения иностранных языков, причём действующие всегда, даже после уроков.»

«Многие уроки станут проводиться даже в космосе, — мечтает Наташа. — Ученики смогут рассматривать там созвездия в натуре, как сейчас на фотографиях. Для астрономии создадут специальные классы с планетариями, с телескопами.

Изучение зарубежных стран упростится, так как их можно будет посетить за несколько часов.

А занятия будут вести роботы — их электронный мозг вместит всю школьную программу.»

«Конечно, со временем появятся чудо-роботы, заменяющие людей разных профессий. Но учителей — никогда! — протестует школьница Таня. — Даже в далёком будущем робот учителю не конкурент, потому что настоящий учитель — это прежде всего личность.»

Объяснения

2000 года — читай: двухтысячного года
старшеклассники — ученики старших (т. е. 9-го и 10-го) классов
десяток — wörtl.: zehn Stück; hier: Dutzende
астрономия — преподаётся в 10-ом классе

О советской стране

Давайте посмотрим, что сегодня вечером в программе телеви́дения:

Телевидение
28 апреля

Первая программа.

17.30 — Для уча́щихся 8-х классов. Литература. 18.10 — В по́мошь уча́щимся 10-х классов школ рабо́чей и сельской молодёжи. Обществоведе́ние. «Идеологическая борьба́ на совреме́нном этапе». 18.40 — Для студентов-зао́чников (I курс). Начерта́тельная геоме́трия. 20.00 — Для студентов-зао́чников (I курс). Химия. 21.15 — Английский язы́к.

Вторая программа.

18.30 — Для детей. «Почта Мастера-флома́стера». (Цв.). 19.00 — «Москва» 19.30 — Хоккей. «Дина́мо» (Москва) — «Химик». В перерыве — «Споко́йной ночи, малыш!» (Цв.). (21.00) — Концерт ансамбля «Лие́тува». (Цв.).

22.05 — «Профессор». Худо́жественный телефи́льм. (Польша). (Цв.) 23.05 — Московские но́вости.

Третья программа.

19.15 — Концерт артистов балета. (Цв.) 19.35 — «Крепи́ть боеву́ю солидарность трудя́щихся». Выступле́ние Генерального секретаря́ Коммунисти́ческой партии США тов. Гэса Холла. (Цв.). 19.45 — Телеспекта́кль «Кружили́ха». (Цв.). В перерыве (21.00) — «Время». 22.40 — Спортивный дневни́к (Цв.). Но́вости.

Четвертая программа.

19.00 — Документа́льные фильмы. 19.30 — Симфонический концерт. 20.45 — «Литературные встречи». А. Твардовский. 21.30 — «Музыкальный киоск». (Цв.). 22.00 — «Спра́вочное бюро́».

Объяснения

цв. — цветной — in Farbe
телеспекта́кль — Fernsehaufführung (eines Theaterstückes)
Мастер - флома́стер — „Meister Filzstift“
худо́жественный телефи́льм — Spielfilm (im Fernsehen)
школа рабо́чей и сельской молодёжи — entspricht etwa unserer „Höheren
   Schule für Berufstätige“

* * *

Осторо́жность

Одна пожила́я да́ма собиралась взять такси.
— Мне на вокзал, — сказала она шофёру.
— Пожалуйста, — ответил шофёр.
— Только прошу́ вас ехать медленно и осторо́жно.

— Хорошо, — ответил шофёр.
— Прошу́ не ехать на красный свет.
— Хорошо.
— Прошу́ не делать круты́х поворо́тов. Сегодня был дождь, и доро́га мо́края.
— Прекрасно, — сказал шофёр. — Вы не сказали одного́: в каку́ю больницу отвезти́ вас, е́сли бу́дет несча́стный слу́чай.

Женщины и автомобили ...

— Теперь, дорога́я, ты можешь
обня́ть меня ещё раз ...

Всякое

Знаете ли вы, что ...
в СССР о́коло 130 разли́чных языко́в.

Мы улыбаемся

Хвасту́н говорит хвастуну́:
— Слы́шал про Атланти́ческий океа́н?
— Да.
— Я его́ переплы́л.
— А ты слы́шал про Мёртвое мо́ре?
— Да.
— Я его́ уби́л.

Ребус: Какое это слово?

Как волка ни корми, он всё в лес глядит.

Грамматика

небо und чудо

Bei небо (Himmel) und чудо (Wunder) wird der Stamm in der Mz. durch -ec- erweitert. Die Ez. dekliniert man regelmäßig:

чудо — чудеса́, чуде́с, чудеса́м ...

небо — небеса́, небе́с, небеса́м ...

Konzessivsätze

Einleitende Bindewörter:

кто (бы) ни, что (бы) ни, где (бы) ни, когда (бы) ни ...

wer auch immer, was auch immer, wo auch immer, wann auch immer u. dgl.

1. Hier hat НИ **verallgemeinernde** Bedeutung.
2. Wird бы verwendet, so hat der Satz potentialen Charakter, das heißt, es wird die bloße Möglichkeit bezeichnet.

Кто ни увидит, удивится. — Wer immer das auch sieht, wird sich wundern.

Что бы ни случи́лось, он не боялся. — Was immer auch geschehen mochte, er fürchtete sich nicht.

3a + 4. Fall in zeitlicher Bedeutung

1. in zeitlicher Bedeutung heißt es „während, innerhalb"
2. Das Verb muß im vollendeten Aspekt stehen:

За лето я хорошо отдохнул.

3. Vor «до» bleibt «за» unübersetzt:

Мы соберёмся за час до ужина.	— Wir werden uns eine Stunde vor dem Abendessen versammeln.

Zu den Vergleichssätzen

Ein mit (как) бу́дто eingeleiteter Vergleichssatz steht zum Unterschied vom Deutschen im INDIKATIV:

Он чу́вствовал ра́дость, как бу́дто не́ был до́ма це́лый год. —

Er empfand Freude, als ob er ein ganzes Jahr nicht zu Hause gewesen wäre.

Упражнения

I. Переде́лайте предложе́ния, употребля́я сло́во «чу́до» во мно́жественном числе́.

1. Тако́го чу́да не быва́ет.

2. Я не ве́рю в тако́е чу́до.

3. Како́е чу́до!

4. Они́ говори́ли о чу́де.

5. Мы бы́ли поражены́ э́тим чу́дом.

II. Переведи́те на неме́цкий язы́к.

1. Кто ни уви́дит, удиви́тся.

2. Что ни говори́шь, я тебе́ не ве́рю.

3. С кем бы он ни разгова́ривал, все его́ спра́шивали, где он был.

4. Куда́ бы они́ ни пришли́, везде́ у них бы́ли друзья́.

5. Где бы она́ ни была́, я её найду́.

6. Как ни неприя́тно бы́ло, я и сло́ва не сказа́л.

III. Переведи́те предложе́ния, обраща́я внима́ние на значе́ние сло́ва «за».

1. За час я вы́учил все слова́.

2. За ле́то вы о́чень загоре́ли.

3. За до́мом нахо́дится сад.

4. Он уе́хал за грани́цу.

5. За ва́ше здоро́вье!

6. Сестра́ идёт за хле́бом.

7. *Благодарю́ вас за по́мощь.*
8. *Моя́ мать смо́трит за ребёнком.*
9. *Мы провели́ воскресе́нье за́ городом.*
10. *Я заплати́л рубль за пласти́нку.*
11. *Мы сде́лали э́ту рабо́ту за неде́лю.*
12. *Приди́те за де́сять мину́т до нача́ла сеа́нса!*

G IV. Переведи́те на ру́сский язы́к.

1. *Er spricht mit uns, als ob wir dreizehn Jahre alt wären.*
2. *Mascha spricht so gut russisch, als ob sie lange in der Sowjetunion gelebt hätte.*
3. *Ich freue mich über das Wiedersehen so, als ob ich ein ganzes Jahr nicht zu Hause gewesen wäre.*
4. *Er antwortet so, als ob er alles wüßte.*
5. *Wanja spielt so gut Fußball, als ob er die ganze Zeit trainiert hätte.*

K V. Отве́тьте на вопро́сы.

1. *Изменя́ется ли, по-ва́шему, и хара́ктер ученико́в в шко́ле 2000-го го́да?*
2. *Вы хоте́ли бы жить в шко́ле-го́роде? Почему́ да? Почему́ нет?*
3. *Что из того́, что вы изучи́ли в шко́ле, вам ну́жно бу́дет че́рез три́дцать лет?*
4. *Бу́дет ли ро́бот конкуре́нтом учи́теля и́ли нет?*

L VI. Определи́те имени́тельный паде́ж еди́нственного числа́ вы́деленных слов.

1. *во вре́мя* **сна**	4. *по* **льду**
2. *во* **рту**	5. *мно́го* **бойцо́в**
3. *мно́го* **львов**	6. *не́сколько* **орло́в**

P VII. Как произно́сятся сле́дующие слова́?

профессии	*— профессий*
свой	*— усвоить*
займёт	*— аист*
моей	*— музеи*

A VIII. Вставьте глаголы нужного вида, в форме инфинитива.

1. *Она привыкла ... ему обо всём. (рассказывать — рассказать)*

2. *Мне надоело с ним ... (спорить — поспорить).*

3. *Я ожидал его здесь ... (видеть — увидеть).*

4. *Мы успели ... на последний автобус. (садиться — сесть)*

5. *Я отвык ... такие вопросы сам. (решать — решить)*

6. *Я очень рад, что нам удалось ... его дома. (заставать — застать)*

7. *Мы начали ... этот вопрос слишком поздно. (обсуждать—обсудить)*

8. *Извините, что я забыл вас ... (предупреждать — предупредить)*

10-й урок

Анатолий Гладилин (род. в 1935 г.)
Отрывок из повести «Первый день Нового года»

Новый год ...

Дул тёплый ветер, таял снег, и тишина вечера давила меня, и хотелось философствовать или сделать что-нибудь значительное, и вообще послать к чёрту праздники.

Бессмысленно, когда город штурмует винно-водочные отделы магазинов и в определённое время все разом поднимают бокалы и начинают наливаться алкоголем.

Стоят огромные дома, излучая свет, музыку, веселье. Но если скинут покров стен, то зрелище предстанет необычайное. Во всех домах, на всех этажах одинаково расположены комнаты, кровати, столы, ванны, унитазы. Всюду звон рюмок, бессмысленная болтовня, лихорадочное пожирание закуски, старые анекдоты, сплетни и одни и те же песни. Люди, обычно такие не похожие друг на друга, под Новый год становятся одинаковыми. Почти одновреме́нно на всех этажа́х отодвига́ются столы, начинаются танцы, потом гости расхо́дятся, а хозя́ева (словно чёртик какой-то нажима́ет на рыча́г) начинают одновреме́нно зева́ть, туша́ть свет, разде-ва́ться (весь дом торопли́во сбра́сывает оде́жду на сту́лья) и, наконец, — о ра́дость! (чёртик опять нажима́ет на рыча́г) — спать! В эту ночь хорошо сидеть одному́ и работать.

Но в после́дний момент прихо́дит жена или раздаётся звонок по телефо́ну — и ты мчишься в такую же, как и у всех, компа́нию, бессмы́сленно болта́ешь, вспомина́ешь борода́тые анекдоты, спле́т-ничаешь, поёшь ста́рые пе́сни, танцу́ешь с то́лстыми да́мами — в о́бщем, весели́шься.

Объяснения

под Новый год — близко к Новому го́ду
работать одному́ — allein zu arbeiten. Eine prädikative Ergänzung zu einem Infinitiv steht im Russischen im **DATIV**.

Из современной поэзии

Миг

Не привыка́йте к чудеса́м, —
Диви́тесь им, диви́тесь!
Не привыкайте к небеса́м,
Глаза́ми к ним тяни́тесь.

Пригля́дывайтесь к облака́м,
Прислу́шивайтесь к пти́цам,
Прикла́дывайтесь к родника́м, —
Ничто не повтори́тся.

За ми́гом миг, за ша́гом шаг
Впада́йте в изумле́нье.
Всё будет так — и всё не так
Через одно мгнове́нье.

В. Шéфнер

* * *

Хитрец

Поезд остановился на маленькой станции. Пассажир посмотрел в окно и увидел женщину, которая продавала булочки. Она стояла довольно далеко от вагона, и пассажир не хотел идти за булочками сам. Видимо, он боялся отстать от поезда. Он позвал мальчика, который гулял по платформе, и спросил его, сколько стоит булочка.

— Десять копеек, — ответил мальчик.

Мужчина дал мальчику двадцать копеек и сказал:

— Возьми двадцать копеек и купи две булочки — одну мне, а другую — себе.

Через минуту мальчик вернулся. Он с аппетитом ел булочку. Мальчик подал пассажиру десять копеек и сказал:

— К сожалению, там была только одна булочка.

Человек и «транспорт» ...

— Хорошо, что это мягкий вагон ...

— Благодарю, я с машиной.

Всякое

Знаете ли вы, что ...

Советский Союз расположен в одиннадцати часовых поясах. Жители нашей страны встречают Новый год 11 раз. Когда на Чукотке 5 часов утра 1 января, в Москве ещё 7 часов вечера 31 декабря.

Юмор

— Когда я встречаю тебя, то я вспоминаю о шести рублях, которые ты у меня одолжил.

— А когда я вижу тебя, то от радости забываю о долге.

Загадка

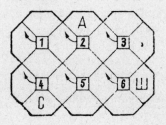

1 осень, ..., весна
2 планета
3 цветок
4 советское телеграфное агентство
5 государство (в сокращении)
6 имя (Koseform)

> Доверяй и проверяй.

Грамматика

Zeitangaben

1. Genitiv

до + 2. Fall

до революции — bis zur Revolution, vor der Revolution

с + 2. Fall

с детства — seit der Kindheit

после + 2. Fall

после войны — nach dem Krieg (Krieg: **kein** reiner Zeitbegriff)

Aber: через пять лет—nach fünf Jahren (Jahr: reiner Zeitbegriff)

2. Fall zur näheren Bestimmung

в семь часов утра — um sieben Uhr morgen

в январе шестидесятого года — im Jänner 60

2. Dativ

по + 3. Fall

по воскресеньям — an Sonntagen, sonntags

к + 3. Fall

к трём часа́м — gegen drei Uhr

3. Akkusativ

auf die Frage „wie lange?"

це́лую неде́лю — eine ganze Woche

в + 4. Fall

во вторник	— am Dienstag
в этот день	— an diesem Tag
в это вре́мя	— in dieser Zeit

за + 4. Fall

за ме́сяц — innerhalb eines Monats

Unterscheide!

Он ехал один день.	— Er fuhr einen Tag (lang).
Он прие́хал **за** один день.	— Er kam innerhalb eines Tages.
Он прие́хал **на** один день.	— Er kam für einen Tag.
Он прие́хал **за** один день до нача́ла уроков.	— Er kam einen Tag vor dem Unterrichtsbeginn
Он прие́дет **через** один день после нача́ла уро́ков.	— Er wird einen Tag nach dem Unterrichtsbeginn kommen.

4. Instrumentalfall

5. Fall bei Tages- und Jahreszeiten auf die Frage „wann?"

у́тром	— am Morgen, am Vormittag
днём	— am Tag, am Nachmittag
ве́чером	— am Abend, am späten Abend
но́чью	— in der Nacht, in der späten Nacht

весно́й	— im Frühling
ле́том	— im Sommer
о́сенью	— im Herbst
зимо́й	— im Winter

но́чью	у́тром	днём	ве́чером
0	6	12	18	24

5. Präpositionsfall

на + 6. Fall bei Wochen:

на про́шлой (этой, сле́дующей) неде́ле — in der vorigen (dieser, nächsten) Woche в + 6. Fall bei Monatsangaben

янва́рь   — в январе́   июль   — в ию́ле

в + 6. Fall bei Jahresangaben

в семидеся́том году́   — im siebziger Jahr
в тридца́тых года́х   — in den dreißiger Jahren
при + 6. Fall
при Петре́ I   — unter Peter I.

Упражнения

G I. Переведите на русский язык.

1. *Wir treffen uns an Samstagen.*
2. *An diesem Tag war ich bei ihnen zu Gast.*
3. *In der Vorwoche war er an Grippe erkrankt.*
4. *Wir kamen zehn Minuten vor Beginn der Vorstellung.*
5. *Ich werde drei Tage nach Beginn der Ferien auf das Land fahren.*
6. *Im nächsten Monat wird kein Feiertag sein.*

G II. Замени́те вы́деленные слова́ слова́ми в ско́бках.

1. *Воло́дя верну́лся* **днём.** *(в де́сять часо́в ...)*
2. *Ва́ши знако́мые позвони́ли* **утром.** *(в семь часо́в ...)*
3. *Это случи́лось* **в шестидеся́том году́.** *(в ма́е ...)*
4. *Его́ брат роди́лся* **в ию́не.** *(шестна́дцатого ...)*
5. *На́ши го́сти прилете́ли но́чью (в час ...)*

G III. Переведи́те предложе́ния, подчеркну́в в ру́сском те́ксте слова́, от кото́рых зави́сит употребле́ние да́тельного падежа́.

1. *В эту ночь лу́чше сиде́ть одному́ и рабо́тать.*
2. *Сове́тую спроси́ть самому́.*
3. *Нельзя́ тренирова́ться одному́.*
4. *Остава́ться одному́ бы́ло ка́к-то стра́нно.*
5. *Лу́чше сде́лать это самому́.*

IV. Переведи́те предложе́ния и определи́те, какой ча́стью ре́чи явля́ются вы́деленные слова.

1. *Бессмы́сленно, когда все начина́ют кричать.*
   Бессмысленно болта́ешь.
2. *Стоят огро́мные дома́, излуча́я свет.*
   Стоит там пла́чущая девочка.
3. *Этот карандаш не* **мой.**
   Мой *руки перед едо́й!*
4. *Она купила себе летнее пальто.*
   Этот метод тоже не нове́е.

V. Вста́вьте вме́сто то́чек «тот же са́мый» в соотве́тствующей форме.

1. *Леони́д всегда спрашивает о . . .*
2. *Мы ночева́ли в . . . ке́мпингах.*
3. *Лара всегда обраща́ется к . . . товарищам.*
4. *Эти братья занима́ются . . . ви́дами спорта.*
5. *Они всё время пе́ли . . . песню.*

VI. Отве́тьте на вопросы.

1. *Как можно встречать Новый год?*
2. *Как вы любите встречать Новый год?*
3. *Что можно пожелать друзья́м, когда наступает Новый год?*

VII. Объясни́те значе́ния да́нных слов и укажи́те однокоренны́е слова́ из текста.

1. *весе́лье*   4. *пе́сня*
2. *хозя́йство*   5. *бессмы́сленность*
3. *спле́тня*   6. *болтовня́*

VIII. Как произно́сятся следующие слова́?

ви́нно-во́дочный, бессмы́сленно, одновреме́нно, ванны, дли́нный, в Ве́не, с сы́ном, над до́мом, к кому́.

IX. Вста́вьте глаго́лы ну́жного вида в форме проше́дшего вре́мени.

*1. Сегодня утром я ... нашего преподавателя. Когда я ...
его, я поздоровался с ним. (видеть — увидеть)*

*2. Ты не ... в магазине немецко-русский словарь?
Если ты ... его, купи мне, пожалуйста!*

*3. Я вошёл в зал и ... там своего товарища. Я был очень рад,
потому что я давно не ... его.*

*4. Вы ... новость? Да, когда ... об этом первый раз, я по-
думал, что это неправда. (слышать — услышать)*

5. Вы ..., как она поёт? Да, слышал.

*6. Вчера вечером, когда мы сидели дома, вдруг ... шум в ко-
ридоре.*

11-й урок

Антарктида — континент дружбы

(Рассказ начальника аэрометеорологического отряда)

Уже давно, как я впервые познакомился с шестым континентом
и зарубёжными коллегами, зимовавшими там. Сама суровость
природы, удалённость станций друг от друга определяют дух
товарищества и взаимовыручки в нашей работе.

Первое знакомство с зарубёжными специалистами происходит в
эфире. Передаются поздравления с прибытием и научные данные.
Научные данные передаются от одной станции к другой. После
возвращения из континентальных экспедиций нас всегда запра-
шивают о новых данных.

Мы знаем все национальные праздники друг друга и обмениваемся
радиограммами. Есть и общие для всех дни. Например, заход
солнца. Начинается полярная ночь.

Для японцев особенно выдающийся день — день восхода солнца.
Япония — Страна Восходящего Солнца. Нас же специально
поздравляют со всеми революционными праздниками.

Были случаи, когда мы оказывали помощь друг другу.

На станции Мауссон австралийский полярник тяжело заболел. Заключение врачей — безнадёжно. Полярный лётчик Александр Сергеевич Поляков доставил больного на самолёте «ИЛ-18» на американскую станцию Мак-Мёрдо, а затем американцы вывезли его на континент. Как видите, длинная цепочка.

Антарктида — страна непуганых птиц и зверей. Королевские пингвины — большие флегматики. Можно подойти, похлопать его по плечу. Стоит красивая птица в белой манишке и чёрном фраке. К нам на станцию регулярно, каждое утро, приходил один пингвин. Проходил по стартовой площадке, останавливался ровно на 5 минут около каждого самолёта, осматривал и величественно удалялся. Мы его прогоняли, но он появлялся снова каждое утро «Смотрите, опять инспектор идёт!» — и действительно мимо самолётов шествовал пингвин. Часто можно было услышать стук в дверь. «А, это ты, входи!» — и в домик заходил пингвин. К чайкам тоже можно подойти. Они не улетают, а только возмущаются — не подходи, это моё место! — и плюются, как верблюды, в объектив фотоаппарата.

В работе, в борьбе и помощи проходили наши дни. Тем радостнее были встречи с иностранными учёными за общим столом, за общим ужином и общими спорами.

Существует в Антарктиде традиция. Приносить друг другу подарки, когда идёшь в гости. Но конечно, лучшими подарками были взаимное доверие, сердечность и выручка в беде.

Объяснения

Антарктика	— (das gesamte) Südpolargebiet (mit den umliegenden Meeren)
Антарктида	— Südpolarkontinent (nur das Festland)
праздники друг друга	— die Feiertage voneinander

Интересное об Антарктиде

Антарктида — единственный материк, не имеющий рек.

Долгое время метеорологи считали якутский посёлок Оймякон полюсом холода. Потом рекордно низкая температура была зарегистрирована в Антарктиде, в том районе, где расположена советская научная станция «Восто́к»: 83,3 гра́дуса ниже нуля́ по Це́льсию.

И вот в табли́цу низких температур впи́сан новый рекорд — 94,5 гра́дуса моро́за. Эту отме́тку показал термо́метр, оста́вленный учёными вблизи́ Ю́жного по́люса.

* * *

Настоя́щее иску́сство

Однажды в сту́дии известного худо́жника зашёл вечный спор, что такое иску́сство. Шаля́пин не принима́л уча́стия в этом спо́ре, только мимохо́дом сказал: «Я вам покажу, что такое иску́сство», — и незаме́тно ушёл. Спор продолжа́лся, ухо́да Шаля́пина не заме́тили. Внеза́пно откры́лась дверь — на поро́ге появи́лся со спу́танными волоса́ми смерте́льно бле́дный Шаля́пин и дрожа́щими губа́ми произнёс только одно слово:

— Пожа́р...

Начала́сь па́ника, кри́ки у́жаса — всё, что бывает в таких слу́чаях. И вдруг ма́ска стра́ха, отча́яния слете́ла с лица́ Шаля́пина, он рассмея́лся и сказал:

— Вот что такое иску́сство.

Разуме́ется, никакого пожа́ра не́ было, но люди, бывшие в тот вечер в сту́дии, уверя́ли, что когда они увидели лицо́ Шаля́пина, им показа́лось, что дверь гори́т.

Вся́кое бывает...

— ... И какой счёт?

Всё равно́ никто не пове́рит.

Всякое

Знаете ли вы, что ...

в арктических морях работают советские атомные ледоколы. Они могут двигаться по сплошному ледяному полю толщиной до трёх метров, прокладывая дорогу караванам судов.

Шутка

— Папа, сегодня в школе родительское собрание ... но только для самого узкого круга.
— Для самого узкого круга? Как это понять, Ганс?
— Будут только учитель и ты ...

Ребус: Какая это страна света?

> Ошибайся, да сознавайся.

Грамматика

Zum Komparativ

Die unregelmäßigen attributiven Komparative лучший, худший, старший, младший, высший, низший, больший, меньший können auch Superlativbedeutung haben:

лучший друг — der beste Freund
в худшем случае — schlimmstenfalls
бо́льшей ча́стью — größtenteils

Hauptwörtlich gebrauchte Eigenschaftswörter

Sie werden wie Eigenschaftswörter dekliniert. Die wichtigsten sind:

ванная — Badezimmer   передняя — Vorzimmer
данные — Angaben, Daten рабочий — Arbeiter

живо́тное	— Tier	столо́вая	— Speisezimmer, Speisehaus
запята́я	— Beistrich		
моро́женое	— Gefrorenes	учи́тельская	— Konferenz-zimmer, (Schule)

Die Partikel «же» (Zusammenfassung)

1. **verstärkend:** denn
   когда же
2. **identifizierend:** derselbe, eben ...
   тот же (са́мый) — derselbe
   оди́н и тот же — ein und derselbe
   тако́й же — ein ebensolcher
   туда́ же — ebendorthin
3. **entgegenstellend:** aber, jedoch

   Мы уезжа́ем, това́рищ же остаётся.

Упражне́ния

I. Переведи́те предложе́ния, определи́в, явля́ются ли вы́делен-ные слова́ прилага́тельными в сравни́тельной или превосхо́д-ной сте́пени.

1. *Юра лучший ученик в классе.*
2. *В худшем случае я получу́ тройку по русскому языку́.*
3. *На се́вере жи́тели бо́льшей ча́стью занима́ются охо́той.*
4. *Лучшего дру́га не найдёшь.*
5. *Он занима́ется вы́сшей математикой.*
6. *Кто у вас старший в классе?*

II. Вставьте вме́сто то́чек ниже да́нные слова́.

1. *Ты ещё не познакомился со всеми моими ... и ...*
2. *Кто-то ждёт вас в ...*
3. *Закажи две по́рции ...!*
4. *Здесь надо поста́вить не то́чку, а ...*
5. *Его отец был ...*
6. *У нас нет дома́шних ...*

7. Много научных ... передавалось от одной станции к другой.

рабочий, мороженое, знакомые и родные, передняя, запятая, животное, данные.

G

III. Переведите предложения, определяя функцию слова «же».

1. Что же мне делать?
2. Они всегда поют одни и те же песни.
3. Японцев поздравляют с днём Восходящего Солнца, нас же со всеми революционными праздниками.
4. Мои родители живут там же.
5. Я ухожу, Саша же остаётся здесь.
6. У нас играют в такую же игру.

W

IV. Вставьте подходящие приставки.

1. Первое знакомство ... ходит в эфире.
2. Солнце уже ...ходит, начинается полярная ночь.
3. Летом солнце ...ходит уже в четыре часа утра.
4. ...ходите поближе, а то вам ничего не будет видно!
5. К нам на станцию каждое утро ...ходил один пингвин.
6. Пингвин ...ходил по стартовой площадке и останавливался около каждого самолёта.
7. Наши дни ...ходили в работе.
8. Мы услышали стук в дверь. Петя сказал: ...ходите, пожалуйста!
9. По пути домой я ...ходил в магазин.

K

V. Ответьте на вопросы.

1. Найдите в атласе советские полярные станции в Антарктиде и напишите их названия!
2. Почему называют Антарктиду «континентом дружбы»?
3. Почему в Антарктике звери и птицы не боятся людей?
4. Почему вы бы (не) хотели стать полярником?

L

VI. Упростите предложения.

1. **Удалённость** станций друг от друга **большая**.
2. **Первое знакомство** с зарубежными специалистами **происходит** в эфире.

3. *Мы* **оказываем помощь** *друг другу.*

4. **Передаются поздравления** *с прибытием.*

5. *Антарктида — страна* **непуганых птиц.**

6. **Существует в Антарктиде традиция** *— приносить друг другу подарки, когда идёшь в гости.*

Р VII. Как произносятся следующие слова?

далёкий	*— дало*	*верблюд*	*— луна*
длинный	*— улыбаться*	*слишком*	*— услышать*
определять	*— младший*	*специально*	*— шёствовало*

А VIII. Вставьте глаголы нужного вида в форме будущего времени.

1. *После обеда я . . . . Я немного . . . и начну заниматься.*   *(отдыхать — отдохнуть)*

2. *Мой брат . . . мой портрет. Когда он . . . портрет, он подарит его мне.*   *(рисовать — нарисовать)*

3. *Сегодня мы . . . рано, в 6 часов. Мы . . . и пойдём в театр.*   *(ужинать — поужинать)*

4. *Когда вы . . . эту книгу, принесите её в класс. Мы . . . её все вместе.*   *(читать — прочитать)*

5. *Сегодня вечером я . . . новые стихи. Стихи трудные, но я знаю, что я . . . стихи.*   *(учить — выучить)*

Михаил Зо́щенко
(1895—1958)

Стра́шная месть

Ра́нней весно́й э́того го́да не́кто Пётр Евсе́евич Гаси́лин случа́йно попа́л на о́бщее собра́ние жильцо́в своего́ до́ма.

Бу́дучи гла́вным бухга́лтером одного́ кру́пного учрежде́ния и си́льно перегру́женный отчётностью, Гаси́лин обы́чно не посеща́л тако́го ро́да ме́лкие собра́ния. А тут загляну́л в конто́ру и там, заста́в собра́ние, реши́л из любопы́тства послу́шать, о чём говоря́т лю́ди на столь ма́лых совеща́ниях, кото́рые предусма́тривают интере́сы всего́ лишь одного́ до́ма.

Оказа́лось, что собра́ние обсужда́ло вопро́с об организа́ции де́тской площа́дки во дворе́ до́ма.

Гаси́лин при́нял уча́стие в о́бщем спо́ре, кото́рый разгоре́лся по вопро́су о коли́честве дере́вьев на де́тской площа́дке.

Как не́жный оте́ц, Гаси́лин наста́ивал на минима́льном коли́честве дере́вьев, полага́я, что у его́ двенадцатиле́тнего сы́на бу́дет ме́ньше ша́нсов упа́сть с де́рева.

Но в э́том вопро́се Пётр Евсе́евич Гаси́лин разошёлся с мне́нием большинства́.

А на́до сказа́ть, что Гаси́лин был челове́к весьма́ не́рвный, вспы́льчивый. Семь лет он лечи́лся в поликли́нике си́ним све́том. Но э́то лече́ние ему́, ви́димо, ма́ло помогло́, и́бо на собра́нии он повёл себя́ кра́йне несде́ржанно, агресси́вно.

Оспа́ривая мне́ние свое́й оппоне́нтки, он допусти́л не́сколько ко́лких фраз по её а́дресу.

Его́ оппоне́нтка — немолода́я и на вид скро́мная же́нщина — споко́йно отнесла́сь к его́ ко́лким слова́м, одна́ко вскользь заме́тила, обраща́ясь к собра́нию:

— Немудрено́, что у тако́го не́рвного и взбудора́женного отца́ сын нева́жно у́чится.

А сын Петра́ Евсе́евича, учени́к пя́того кла́сса Ники́та Гаси́лин, учи́лся действи́тельно нева́жно. И э́ти слова́ немолодо́й же́нщины затро́нули какие-то надо́рванные стру́ны отцо́вского се́рдца. Не пожела́в остава́ться на собрании, он ушёл и, уходя́, сно́ва позво́лил себе беста́ктность — громко повторя́л свои ко́лкие фразы, относя́щиеся к пожилой гражда́нке.

Верну́вшись домой, Гаси́лин рассказал своей жене́ о происше́ствии и в е́дких тона́х описал заура́дную вне́шность пожилой незнако́мки. Жена́ не без трево́ги спросила му́жа:

— А как фамилия этой женщины?

— Её фамилии я не знаю, — ответил муж, — а люди на собрании называли ее Со́фьей Па́вловной.

Всплесну́в рука́ми, жена сказала:

— Ну, так и есть! Ты оскорби́л учительницу нашего сына. Она в его классе преподаёт русский язык. Ах, Пётр, Пётр, напра́сно ты пошёл на это собрание, не долечи́вшись в клинике!

(коне́ц сле́дует)

Объяснения

детская площадка — площадь, где играют дети
он повёл себя — он стал вести себя
немолодой — älter (unechter Komparativ)
взбудораженный = взволнованный
не пожелав — hier nicht mit „ohne zu“ zu übersetzen, sondern **kausal**

Без измене́ний

Венский врач Нотнагель брал с лечи́вшихся у него пациентов за первый визи́т 25 крон, а за после́дующие — 10 крон. Один скупой чино́вник, яви́вшись к Нотнагелю впервы́е, реши́л предста́виться постоя́нным пациентом и обрати́лся к врачу́ с улы́бкой:

— А ведь я сно́ва к вам, господин доктор!

Нотнагель осмотрел пациента, а затем, также с улыбкой, сказал:

— Без измене́ний. Прошу продолжать принимать те лека́рства, которые я прописал вам в прошлый раз.

Зимний спорт ...

Первый спуск   Переду́мал ...

Всякое

Знаете ли вы, что ...

слово «красный» много лет наза́д означа́ло «краси́вый», слова
«Красная площадь» означали «Красивая площадь».

Мы улыбаемся

— Знаете ли вы, — строго говорит нача́льник ленивому слу́жа-
щему, — что от работы ещё никто не умирал?
— Знаю, — отвечает слу́жащий, — но заче́м рискова́ть? Я не
хочу быть первой же́ртвой.

Скорогово́рка: Сши́ла Саша Са́шке шапку.

> Курить и пить — здоровью вреди́ть.

Грамматика

Umstandswort (Ergänzung und Zusammenfassung)

Endungen: -о, -е, -и

Bildung:

1. -o: Diese Endung ist die häufigste. Sie tritt an die Stelle der Adjektivendung, wobei oft — ähnlich wie bei der sächlichen Kurzform — ein Wechsel in der Betonung eintritt:

быстрый — быстро
хоро́ший — хорошо́
плохой — пло́хо

2. -e: Bei Eigenschaftswörtern mit weicher Endung:

кра́йний — кра́йне

3. -и: Bei Eigenschaftswörtern auf -ский oder -цкий.

Bei Sprachbezeichnungen **muß** по- vorgesetzt werden.

това́рищеский — (по-)това́рищески
русский — по-русски
неме́цкий — по-неме́цки

Zum Adverbialpartizip

1. das Adverbialpartizip von быть lautet бу́дучи

2. die Endung -я, die das Adverbialpartizip der Gegenwart kennzeichnet, ersetzt bei **einigen wenigen** Verben des vollendeten Aspektes die Endung der Vergangenheit -в(ши):

придя́ — gekommen (seiend)
войдя́ — eingetreten (seiend)
принеся́ — gebracht habend

Упражнения

I. Вставьте вместо точек наречия.

1. Мой друг говорит ... (русский).
2. Это ... важно. (крайний)
3. Он ... пожа́л мне ру́ку. (дру́жеский)
4. Вы поступили ... (това́рищеский)
5. Вы играете на рояле ... (прекра́сный).
6. Она отвечала ... (блестя́щий)
7. ... обсуди́ли этот вопрос. (всесторо́нний)
8. Мальчики раздели́ли конфеты ... (братский)

II. Переведите на немецкий язык.

1. *Придя домой, я сейчас же стал делать уроки.*
2. *Войдя в комнату, мы увидели много знакомых.*
3. *Будучи в Ленинграде, мы осмотрели несколько музеев.*
4. *Выйдя из класса, Наташа заплакала.*
5. *Принеся отцу газету, Игорь опять побежал на улицу.*

 III. Объясните употребление видов глагола.

1. *На собрании обсуждался важный вопрос.*
2. *Он обычно не посещал собрания такого рода.*
3. *Он упал с дерева.*
4. *Семь лет он лечился в поликлинике.*
5. *Лечение ему мало помогло.*
6. *Люди на собрании называли эту женщину Софьей Павловной.*
7. *Ты оскорбил учительницу нашего сына.*

 IV. Переделайте предложения, употребляя формы глаголов настоящего и будущего простого времени.

1. *Гасилин попал на собрание.*
2. *Оказалось, что они были правы.*
3. *Отец описал внешность пожилой незнакомки.*
4. *Он ушёл.*
5. *Бухгалтер остался на собрании.*
6. *Пётр повёл себя агрессивно.*

 V. Замените деепричастные обороты синонимичными конструкциями.

1. *Попав на собрание, он решил послушать.*
2. *Оспаривая мнение своей оппонентки, он оскорбил её.*
3. *Уходя, он снова позволил себе бестактность.*
4. *Вернувшись домой, Гасилин рассказал своей жене о происшествии.*
5. *Не желая оставаться на собрании, он ушёл.*
6. *Будучи бухгалтером, Гасилин обычно не посещал такие собрания.*

K VI. Ответьте на вопросы.

1. *Какие вопросы могут обсужда́ться на собра́нии жильцо́в?*
2. *Чего, по-вашему, не хвата́ет городски́м де́тям?*
3. *Кто, по-вашему, лучше умеет разговаривать с учителя́ми, папы или мамы?*
4. *Опишите характер Петра́ Евсе́евича!*
5. *Какой посту́пок, по-вашему, явля́ется бестактным?*

L VII. Объясните по-русски значение вы́деленных слов.

1. *Это* **жильцы́** *нашего дома.*
2. **Загоре́лся** *спор.*
3. *Он* **лечи́лся** *в поликлинике.*
4. *Она* **преподаёт** *русский язык.*
5. *Там* **детская площа́дка.**
6. *Их* **мне́ния разошли́сь** *с большинство́м прису́тствующих.*

P VIII. Как произно́сятся следующие слова?

случа́йно, уча́стие, коли́чество, лече́ние;
общий, площа́дка, обраща́ться;
жиле́ц, нева́жно, жела́ть, пожилой;
вне́шность, меньше, шансы, большинство́;
женщина, реша́ющий, ре́жущий.

13-й урок

Страшная месть *(коне́ц)*

Краткое содержа́ние продолже́ния

Отец в отча́янии. Он боится ме́сти учительницы и начинает заниматься с сыном каждый день. Сын получает первые пятёрки по русскому языку.

Через не́сколько дней сын Ники́та сно́ва принёс пятёрку за стихотворе́ние Ле́рмонтова, вы́ученное наизу́сть. И тогда Пётр Евсе́-

вич Гаси́лин, не сде́рживая больше своих чувств, побежал на квартиру к учительнице. И там сказал ей:

— Уважа́емая Со́фья Па́вловна, мне со́вестно вам сейчас призна́ться, но ведь я был уве́рен, что мой Ники́тка не сле́зет с дво́ек после нашей с вами размо́лвки на собра́нии. Но этого не случилось, и теперь, поражённый вашим великоду́шием, я пришёл крепко пожать вашу ру́ку.

Нахму́рясь, учительница ре́зко сказала:

— Ну как же вы посме́ли так ду́рно думать о лю́дях и тем более о советском учителе? Это, пра́во, недосто́йно нашего времени — иметь такие архаи́ческие взгля́ды!

Наш бедный Гаси́лин стал сконфу́женно бормота́ть пу́таные фразы, из которых можно было отча́сти поня́ть, что он ещё не зако́нчил курс лече́ния синим све́том и поэтому пока не берётся отвечать за все свои мы́сли, вы́сказанные вслух.

Но потом, поборо́в смуще́ние, Гаси́лин чётко сказал:

— Простите великоду́шно за моё призна́ние, но эти пятёрки переверну́ли все мои пре́жние взгляды на людей. Я был удивлён, как никогда в жи́зни.

Со́фья Па́вловна, думая о своём, сказала Гаси́лину:

— Я сама удиви́лась, что ваш сын стал отли́чником. Вот уж я не ожидала от него этого. А скажите, что произошло́ с ним?

Гаси́лин ответил с хорошим волне́нием:

— Так ведь я теперь, дорога́я Со́фья Па́вловна, сам ежедне́вно занима́юсь с ним.

Учительница восклиу́кнула:

— О, как ваши слова́ подтвержда́ют мои вы́воды! Я давно́ заме́тила, что те дети, за учёбой которых хотя́ бы немного присма́тривают родители, неизмери́мо лучше успева́ют.

И тут Со́фья Па́вловна, с улы́бкой взгляну́в на Гаси́лина, доба́вила:

— Вот и впредь ежедне́вно занимайтесь со своим сыном. И пусть это будет моя страшная месть за ваши опроме́тчивые мы́сли и слова.

Туг они о́ба ве́село посмея́лись и расста́лись чуть ли не друзья́ми.

Объяснения

после нашей с вами размо́лвки = после моей размо́лвки с вами
думать о своём — думать о своих дела́х
этого не случилось = это не случилось. Synonyme Ausdrucksweise zu «этого
не было», daher **Genetiv!**

Из совреме́нной поэзии

Мать и сын

Сын не послу́шался мама́ши,
Он на рабочих смо́трит свысока́;
До ву́за не доро́с пока́,
Ушёл из семиле́тки даже;
Ему за двадцать лет, а он баклю́ши бьёт
И ма́мин хле́бушек жуёт,
Неро́дко просит на спиртно́е . . .
Мамаша о́хает: За что такое? . . .
Да нет — сама́ себя вини́,
Что, говорят, посе́ял, то и жни.

В. Аку́лин

*   *   *

Чуде́сное лека́рство

Один молодой человек поздно вставал по утра́м и часто опаздывал на работу. Он обрати́лся к врачу́.

— На что вы жа́луетесь? — спросил ю́ношу врач.

— Вечером я не могу долго усну́ть, а утром сплю так крепко, что часто опаздываю на работу.

— Хорошо, — сказал врач, — я дам вам лека́рство. Принима́йте его по одной таблетке перед сно́м.

Врач вы́писал рецепт на лека́рство, и юноша побежал в аптеку. Ве́чером юноша при́нял его и лёг спать. Просну́вшись, он увидел, что ещё рано. Придя́ на работу, молодой человек сказал:

— Чудесное лекарство! Я спал как убитый! И видите, я пришёл на работу во́время.

— Поздравля́ем, — ответили ему, — но где вы были вчера?

Лучше быть чистым ...

— Скажите, где здесь прово́дят лабораторные работы по химии?

— Мама, это не я! Ты купаешь Витю Попо́ва!

Вся́кое

Знаете ли вы, что ...

Белое море на́звано так потому, что цвет её воды́ беле́е, чем цвет воды мно́гих других море́й. Как установи́ли советские учёные, в воде этого моря соде́ржится много микроскопи́ческих живы́х суще́ств, рассе́ивающих со́лнечный свет.

Юмор

— Ваш сын бро́сил ка́мень в мою автомашину ...

— Попа́л?

— Нет.

— Тогда это не мой сын.

Загáдка

Aus den Silben

ан — вич — гли — жир — ин — лыж — ник — мер — моск — но — пас — пе — ра — ра — ран — ре — са — сти — сто — тем — ту — тут — я

sind russische Wörter folgender Bedeutung zu bilden:

1. она зимой обычно низка; 2. место, где можно обедать, ужинать и завтракать; 3. страна в Европе; 4. марка автомобиля; 5. он едет в поезде; 6. спортсмен; 7. место, где занимаются научным трудом; 8. комната в гостинице.

Die Anfangsbuchstaben der gefundenen Wörter ergeben, von oben nach unten gelesen, ein beim Schanzen- und Turmspringen häufig verwendetes Wort.

> Хорошо смеётся тот, кто смеётся последним.

Грамматика

Unpersönliche Ausdrücke

(Ergänzung)

Мне сóвестно.	— Es ist mir peinlich.
Им вéсело.	— Sie sind gut gelaunt.
Тебе бóльно?	— Tut es dir weh? Hast du Schmerzen?
Ей страшно.	— Sie fürchtet sich.
Нам хóлодно.	— Wir frieren. Uns ist kalt.
Ему грýстно.	— Er ist traurig.
Мне не спится.	— Ich kann nicht recht schlafen.

Zum persönlichen Fürwort

Statt «я и ты» findet man im Russischen oft die Ausdrucksweise мы с тобой:

Я и ты пойдём на концерт. = Мы с тобой пойдём на концерт.

Zum Genitiv Plural

Weibliche Hauptwörter mit den Endungen -ейка und -ойка bilden den Genitiv Plural auf folgende Art:

копейка   — копеек
тройка   — трóек

Упражнения

G I. Вме́сто то́чек вста́вьте да́нные ни́же слова́.

1. *Де́ти игра́ли и смея́лись. Им бы́ло о́чень ...*
2. *Ла́ра не получи́ла отве́т на письмо́, поэ́тому ей бы́ло ...*
3. *Почему́ вам ...? Не на́до боя́ться!*
4. *Одева́йся потепле́е, а то тебе́ бу́дет ...*
5. *Скажи́, тебе́ не ... проси́ть у них де́нег?*
   (хо́лодно, гру́стно, стра́шно, со́вестно, ве́село)

G II. Замени́те сле́дующие безли́чные предложе́ния ли́чными.

1. *В тако́й хоро́щий день рабо́тается с охо́той.*
2. *Тебе́ не хо́чется пойти́ в кино́?*
3. *Мне не спи́тся, я бу́ду чита́ть.*
4. *Им бо́льше не сиди́тся, их ждут това́рищи.*
5. *Здесь нам живётся о́чень хорошо́.*
6. *Сего́дня мне не говори́тся, лу́чше бу́ду молча́ть.*

G III. Переведи́те предложе́ния и да́йте возмо́жные вариа́нты.

1. *Мы с тобо́й оста́немся до́ма.*
2. *Для нас с тобо́й э́то име́ет большо́е значе́ние.*
3. *Мы с това́рищем пое́дем в СССР.*
4. *Мы с ва́ми ошибли́сь.*
5. *Мы с отцо́м пое́дем за грани́цу.*
6. *По́сле на́шей с ва́ми прогу́лки я пришёл домо́й о́чень по́здно.*

G IV. Поста́вьте слова́ в ско́бках в соотве́тствующем падеже́.

1. *Ско́лько вам ну́жно (копе́йка)?*
2. *Сын принёс пять (дво́йка).*
3. *Он купи́л не́сколько (лине́йка).*
4. *У моего́ това́рища нет (тро́йка).*

W V. Переведи́те предложе́ния, объясня́я значе́ние роди́тельного падежа́.

1. *Он бо́льше не сде́рживал **свои́х чувств**.*
2. *Через не́сколько **дней** Ники́та сно́ва принёс домо́й пятёрку.*
3. ***Этого** не случи́лось.*
4. *Это недосто́йно **на́шего вре́мени**.*

5. *Ты ожидала от него* **этого?**
6. *Наша улица красивее* **сосе́дней.**
7. *Мы опять соберёмся* **третьего.**
8. *Принесите* **воды́!**

VI. Переведи́те предложе́ния, обраща́я внима́ние на значе́ние твори́тельного падежа́.

1. *Они расста́лись друзьями.*
2. *Класс выбрал его ста́ростой.*
3. *Эта картина нарисо́вана известным худо́жником.*
4. *Мой старший брат работает лабора́нтом.*
5. *Он владе́ет тремя́ иностра́нными языка́ми.*
6. *Мы приехали первыми.*
7. *Он вернулся по́здней о́сенью.*
8. *Мы с ним ходили в театр.*

VII. Переведи́те предложе́ния и объясни́те ра́зницу в значе́нии.

1. *Они полетели в Крым.*   2. *Мы ехали в театр.*
   Они летали в Крым.   *Мы е́здили в театр.*
   Они летели в Крым.   *Мы поехали в театр.*

          3. *Я иду в школу.*
            Я пойду в школу.
            Я хожу в школу.

VIII. Отве́тьте на вопросы.

1. *Трудно ли учителю быть справедли́вым? Почему?*
2. *Что лучше — заниматься одному или вместе с репети́тором?*
3. *Почему учительница называет взгляды отца архайчными?*
4. *Как вы смо́трите на деви́з «Око за о́ко, зуб за́ зуб»?*

IX. Замени́те вы́деленные слова́ синоними́чными.

1. *Он* **снова** *принёс пятёрку.*
2. *Я* **ежедне́вно** *занимаюсь с ним.*
3. **Прости́те** *за моё призна́ние!*
4. *Я* **поражён** *вашим великоду́шием.*
5. *Что* **произошло́** *с ним?*
6. *Это мои прежние* **взгля́ды.**

Р

X. Как произносятся следующие слоги и слова?

за — зя — зья: *друзья*   пу — пю — пью: *выпью*

то — тё — тьё: *бытьё*   ты — ти — тьи: *третьи*

А

XI. Выбирайте из скобок глаголы нужного вида:

1. *Мы ушли в парк, а Андрей остался дома решить задачи. Когда мы пришли, он ещё (решал, решил).*

2. *Я выполнил работу раньше других, но чтобы не сидеть без дела, я ещё (решал, решил) две задачи.*

3. *Ежемесячно я (получил, получал) несколько писем от моих друзей.*

4. *Наконец-то я (получил, получал) несколько писем от моих друзей.*

5. *Иногда я (передал, передавал) ему приветы от брата.*

6. *Встретив его вчера, я сразу же (передал, передавал) ему привет от брата.*

14-й урок

Вéнцы глазáми русского

Отрывок из книги советского журналиста Леонида Степáнова «В зéркале голубóго Дунáя»

Историческая судьбá Вены, бывшей дóлгое время одним из крупнéйших международных перекрёстков в Европе, её культурное наслéдие, содержáщее вклад мнóгих нарóдов, определили самую характéрную особенность вéнцев — их необычáйно лойяльное и привéтливое, без больших национальных предрассýдков отношéние к иностранцам. Правда, какую-то роль здесь, вероятно, играет хорошо развитый туризм, обязывающий венцев быть гостеприимными.

Венцы умéют ценить достижéния каждого нарóда и считают своим дóлгом напóмнить о них, если имеют дело с одним из её представи́телей. Вместе с тем, они де́ржатся с досто́инством, осно́ванным на уве́ренности в культу́рной полноце́нности свое́й на́ции. Мне неоднокра́тно приходи́лось замеча́ть пренебрежи́тельное отноше́ние венцев к не́которым проявле́ниям «америка́нского о́браза жи́зни». Но те же венцы це́нят американскую делови́тость и высо́кого мне́ния об американской технике.

Венцы отлича́ются прия́тной ве́жливостью и вы́держкой. Вы не услышите грубой бра́ни, даже когда на перекрёстке из двух покале́ченных автомашин вылеза́ют их владе́льцы. Пострада́вшие споко́йно и корректно обме́ниваются адреса́ми и сообща́ют назва́ния своих страховы́х фирм.

Соседи по сто́лику в ресторане, случа́йные попу́тчики в по́езде или в самолёте мило раскла́ниваются с вами, как с добрыми знако́мыми. Сослужи́вцы, уходя́ на обед, непреме́нно ска́жут друг другу «мальцайт», что в да́нном случае одновреме́нно означа́ет «прия́тного аппетита» и «до ско́рого свидания».

Сла́вятся своей обходи́тельностью венские продавцы́ и ке́льнеры. В обувно́м магазине покупателя обяза́тельно уса́дят на специальный стульчик, принесу́т во́рох коро́бок с боти́нками разли́чных фасо́нов, с самым живы́м уча́стием будут расспра́шивать не только о его мозо́лях, но и о том, когда и куда он собирается поехать отдохнуть в ближа́йшее воскресенье. На проща́нье ему́ наговоря́т ку́чу любе́зностей, пожелают прия́тного времяпрепровожде́ния во время о́тпуска и даже, если он был в магазине с ребёнком, подаря́т дешёвую игру́шку. Конечно, делается это часто потому, что конкуренция стра́шная, покупают мало и прода́ть това́р трудно. Хозя́ин заинтересо́ван привле́чь постоя́нных покупа́телей.

О советской стране

Великая транссиби́рская магистра́ль

Много ли на нашей планете стальны́х доро́г, чья протяжённость близка́ к 10 тысячам километров? Одна. Великая Транссибирская магистраль. А её 6000-километро́вый уча́сток от Москвы до Петро́вска-Забайка́льского — самая длинная в мире электрифици́рованная линия. Электрово́зы мощне́е и быстрохо́днее: путеше́ствие из центра страны до её тихоокеа́нского бе́рега сократи́лось с 11 су́ток до 7.

Неделя в комфортабельных купе́ экспре́сса «Росси́я» Москва—Владивосто́к — это непреры́вная сме́на впечатле́ний. Вы увидите равни́ны и го́ры, сибирскую тайгу́ и дальневосто́чные сте́пи, Волгу, Обь, Енисе́й, Аму́р. Вы увидите «сла́вное море свяще́нный Байка́л»*, самое большое на Земле́ озеро с пре́сной водо́й и живопи́снейшее Тихоокеа́нское побере́жье.

* начало русской наро́дной пе́сни

* * *

Чемода́н

Троллейбус остановился на вокза́льной пло́щади. Мы добежали до касс и вста́ли в о́чередь за билетами.

— А где чемодан? — спросил Пётр. — Разве ты его не взял?

Только тут я вспо́мнил об оставленном в троллейбусе Петином чемодане.

— Ты меня подожди, — сказал Петя, — а я попыта́юсь пойма́ть троллейбус ...

— Возьмите такси, — посове́товал стоящий перед нами вое́нный, — стоянка недалеко, за угло́м ...

Петя вернулся через двадцать пять минут.

— Всё в порядке! — ещё и́здали сообщи́л он. — Нашёл! Представля́ешь, вылета́ю на площадь, хвата́ю такси и по маршруту ... Едва́ нагна́л машину ... Влета́ю в троллейбус — мои вещи у кондуктора. Я, конечно, публи́чно поблагодари́л его, схватил чемодан и назад в такси ... Хорошо ещё, что так всё получилось, могло́ быть хуже ...

— А где же чемодан? — спросил я.

Петя огляде́лся.

— Чёрт возьми, — воскликнул он расте́рянно, — кажется, я забыл его в такси ...

Недалёкое бу́дущее . . .

— Снача́ла штраф, а потом поговорим
о межплане́тных конта́ктах . . .

Рыба́лка бу́дущего

Всякое

Зна́ете ли вы, что . . .

в сиби́рской тайге́ есть ти́гры? Ока́зывается не бо́лее 45. Это
подтверди́ла пе́репись обита́телей лесо́в Хаба́ровского кра́я на
сове́тском Да́льнем Восто́ке. Любопы́тно, что пло́щадь «кварти́ры»
уссури́йских тигро́в превыша́ет 5 миллио́нов гекта́ров.

Шутка

Режиссёр актёру:
— Так име́йте в виду́, что в этой сце́не лев приме́рно пятьдеся́т
ме́тров бежи́т за ва́ми на расстоя́нии двух шаго́в!
— Наде́юсь, лев об этом тоже зна́ет?

Ребус
Какой это о́стров?

1

За добро́ добро́м пла́тят.

Грамматика

Zum Superlativ

Der Superlativ kann außer mit самый 3 noch gebildet werden mit

1. наиболее: самая интересная книга = наиболее интересная книга
2. dem Suffix -ейший bzw. -айший (nach Zischlauten)
   новейший метод, величайший поэт
3. dem Präfix наи- und dem Suffix -ейший bzw. -айший
   наидобрейший человек — der allerbeste Mensch

Anmerkung: Der Superlativ, bes. die Formen auf -ейший bzw. -айший hat oft die Bedeutung des Elativs, das heißt, er drückt ein **sehr** hohes Maß einer Eigenschaft aus: высочайшая гора — ein **sehr** hoher Berg

Zum Gebrauch der Zeiten

Das Futurum des vollendeten Aspekts wird manchmal zum Ausdruck einer gewohnheitsmäßigen Handlung verwendet:

Сослуживцы **скажут** друг другу «приятного аппетита».

Упражнения

G I. Замените сложную превосходную степень прилагательного простой с суффиксом -ейший и -айший.

1. *Пушкин считается самым великим русским поэтом.* *(Lautwandel к — ч!)*
2. *Это самый новый метод.*
3. *Лена самая талантливая ученица в классе.*
4. *Это одна из самых трудных задач.*
5. *Донбасс один из самых крупных промышленных центров советской страны.*
6. *Пик Коммунизма — самая высокая гора Советского Союза. (к — ч!)*

G II. Выпишите из текста те глаголы совершенного вида, которыми выражаются привычные действия.

III. Переведи́те предложе́ния, обраща́я внима́ние на значе́ние глаго́лов.

     1. *Вы собира́ете ма́рки?*
        Гру́ппы тури́стов собрали́сь у авто́бусов.
        Куда́ вы собира́етесь пое́хать?
     2. *Де́ти продолжа́ли петь.*
        Ле́тние кани́кулы продолжа́ются три ме́сяца.
        Перегово́ры продолжа́ются.
     3. *Пассажи́ры счита́ли свои́ чемода́ны.*
        Они́ счита́ются хоро́шими спортсме́нами.
     4. *Они́ назва́ли пе́рвого сы́на Ива́н.*
        Как называ́ются э́ти у́лицы?
     5. *Юра прихо́дит домо́й о́чень ра́но.*
        Юре прихо́дится встава́ть о́чень ра́но.
     6. *Пассажи́ры занима́ют места́.*
        Эти ю́ноши занима́ются бо́ксом.

 IV. Поста́вьте стоя́щие в ско́бках слова́ в ну́жном падеже́.

     1. *Я это счита́ю (свой долг).*
     2. *(Како́е) вы (мне́ние) о совреме́нной те́хнике?*
     3. *Эти лю́ди отлича́ются (ве́жливость).*
     4. *Води́тели обме́ниваются (адреса́).*
     5. *Они́ жела́ют гостя́м (прия́тное времяпрепровожде́ние).*
     6. *Она́ кача́ла (голова́).*

 V. Поста́вьте глаго́лы в фо́рме проше́дшего и бу́дущего вре́мени, употребля́я их в соверше́нном ви́де.

     1. *Он продаёт свою́ маши́ну.*
     2. *Они́ обме́ниваются адреса́ми.*
     3. *Они́ сообща́ют назва́ния свои́х страховы́х фирм.*
     4. *Лю́ди ухо́дят на обе́д.*
     5. *Хозя́ин магази́на привлека́ет покупа́телей.*

 VI. Отве́тьте на вопро́сы.

     Что, по-ва́шему, опи́сывает а́втор, говоря́ о ве́нцах,
     а) соверше́нно пра́вильно

б) слишком положительно

в) слишком отрицательно

VII. Объясните состав следующих слов.

1. *гостеприимный;* 2. *полноценность;* 3. *времяпрепровожде́ние.*

VIII. Как произно́сятся следующие слова́?

в институте, с Иваном, без Ирины, в их квартире, брат и сестра, в Иркутске, к их сестре, отец или мать.

IX. Вставьте глаго́лы ну́жного вида в форме инфинити́ва.

1. *Он привык . . . только по будильнику. (вставать — встать)*
2. *Вы успели . . . ему письмо? (писать—написать)*
3. *Пионеры научились . . . дорогу по компасу. (определять — определить)*
4. *Мне надоело . . . вам об этом. (напоминать — напомнить)*
5. *Вы кончили . . . свою работу? (проверять — проверить)*
6. *Хватит . . .! Пора делать. (спорить — поспорить)*
7. *Не надо . . . меня. Я освобожусь нескоро. (ждать — подождать)*

Владимир Солоу́хин
(род. в 1924 г.)

Отры́вок из книги «Пи́сьма из русского музея»

15-й урок

Человек нашего времени

При́нято считать, что телеграф, телефон, поезда́, автомобили и ла́йнеры при́званы эконо́мить человеку его драгоце́нное время, высвобожда́ть досу́г, который можно употреби́ть для разви́тия своих духо́вных спосо́бностей. Но произошёл удиви́тельный парадо́кс. Можем ли мы, положа́ ру́ку на́ сердце, сказать, что времени у каждого из нас, по́льзующегося услу́гами техники, бо́льше, чем его бы́ло у людей дотелефо́нной, дотелегра́фной, доавиацио́нной поры́? Да бо́же мой! У каждого, кто жил тогда в относи́тельном доста́тке (а мы все живём теперь в относи́тельном доста́тке), вре́мени бы́ло во мно́го раз бо́льше, хотя́ ка́ждый тра́тил тогда на доро́гу из города в город неде́лю, а то и ме́сяц, вместо наших двух-трёх часо́в.

Техника сделала могу́щественными каждое госуда́рство в це́лом и челове́чество в це́лом. По огнево́й уничтожа́ющей и всевозмо́жной мо́щи Аме́рика двадцатого ве́ка не то, что та же Аме́рика девятна́дцатого, и челове́чество, если пришло́сь бы отбива́ться, ну хоть от марсиа́н, встре́тило бы их не так, как два или три ве́ка наза́д. Но во́т вопрос, сделала ли техника бо́лее могу́чим про́сто человека, одного человека, человека как таково́го?

Да, все вместе, облада́ющие совреме́нной те́хникой, мы мощне́е. Мы слышим и видим на ты́сячи киломе́тров, наши ру́ки чудо́вищно удлинены́. Мы можем уда́рить кого-нибудь даже и на другом материке́. Ру́ку с фотоаппара́том мы дотяну́ли уже́ до Луны́. Но это всё — мы. Когда же «ты» оста́нешься наедине́ с сами́м собой без радиоакти́вных и хими́ческих реа́кций, без а́томных подво́дных ло́док и даже без скафа́ндра — про́сто один, можешь ли ты сказать про себя, что ты с при́знаками ра́ннего артериосклеро́за и камне́й в левой по́чке (про дух я уж не говорю́), что ты могу́щественнее всех своих предше́ственников по планете Земля́?

Объяснения

про + 4. F. = о + 6. F.
положа́ ру́ку на́ сердце — Hand aufs Herz
а то и ме́сяц = иногда и месяц
ну хоть = например

О советской стране
Москва — порт пяти́ море́й

Когда в 1952 году́ первый теплохо́д прошёл по Волго-До́ну, это означа́ло, что появи́лся велича́йший в мире трансконтинента́льный глубоково́дный путь.

100-километро́вая голуба́я трасса между Волгой и До́ном не просто соедини́ла две реки́. Через них канал связа́л Азовское и Чёрное моря́ не только с их южным соседом — Ка́спием, но и с далёкими се́верными моря́ми — Белым и Балтийским. Таким о́бразом Москва преврати́лась в порт пяти́ море́й.

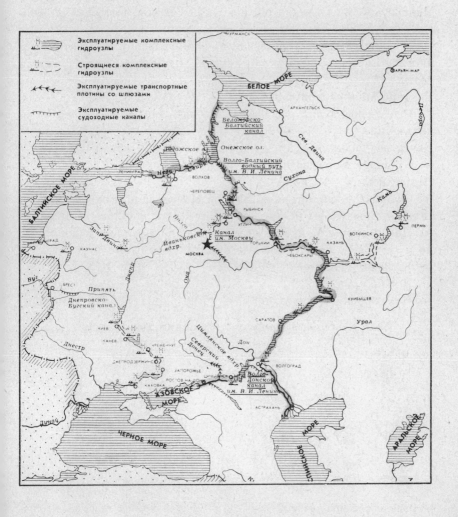

* * *

О Маяковском

Маяко́вский — замеча́тельный советский поэт. Он писал такие стихи́, которые поднима́ли наро́д на борьбу́ за све́тлое бу́дущее ...
Маяковский много е́здил по Советскому Сою́зу, выступа́л во многих города́х и люби́л сам читать свои стихи́.

Однажды Маяковский выступа́л в Ленинградском педагоги́ческом институте. Чита́л он много и хорошо. Все внима́тельно слушали поэта.

В конце Маяковский сказал:

— Кто в сле́дуюший раз придёт слушать мои стихи́, прошу́ подня́ть ру́ки.

Почти́ все по́дняли ру́ки.

— Хорошо. А кто не придёт?

Подняли́сь две-три руки́.

— Скажите, товарищ, — обрати́лся Маяковский к одному слу́шателю, — почему вы не придёте? Вам не понравились мои стихи́?

— Нет, товарищ Маяковский, мне очень понравились ваши стихи́, но я не могу в следующий раз прийти, потому что я уезжа́ю.

— Куда вы уезжаете?

— В Но́вгород.

— Ну, хорошо, — сказал поэт, — тогда я приеду к вам в Но́вгород.

Если мужчи́на занима́ется дома́шним хозя́йством ...

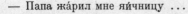

— Папа жа́рил мне яи́чницу ...

— В этом мо́дном га́лстуке ты сможешь обойти́сь без фа́ртука.

Всякое

Знаете ли вы, что ...

в СССР приблизи́тельно полтора́ миллиона гра́ждан неме́цкого происхожде́ния?

Мы улыбаемся

— Почему вы не помести́ли в газе́тах объявле́ние о том, что нашли́ бриллиа́нтовый пе́рстень?

— Считал, что это изли́шне.

— ?!

— Как ви́дите, на пе́рстне вы́гравировано: «Ве́чно твой».

Скороговорка: Везёт Се́нька с Са́нькой Со́ньку на са́нках.

> Нельзя объя́ть необъя́тное.

Грамматика

Zum Vorwort

Bei einigen wenigen stehenden Wendungen und adverbialen Ausdrücken liegt die Betonung auf der Präposition, z. B.:

положа́ ру́ку на́ сердце	— Hand aufs Herz.
Мы пое́хали за́ город.	— Wir fuhren ins Grüne.
Де́ти иду́т и́з дому.	— Die Kinder kommen von zu Hause.
Мы е́дем на́ гору.	— Wir fahren bergauf.
Она́ взяла́ меня́ за́ руку.	— Sie nahm mich an der Hand.
Все ве́щи упа́ли на́ пол.	— Alle Sachen fielen auf den Fußboden.

Die Bedeutung des Wortes «да» (Zusammenfassung)

1. ja
2. anreihend: und
3. entgegenstellend: aber
4. unübersetzt in der Wendung «да здра́вствует» (es lebe)

Упражнения

 I. Переведите предложе́ния, обраща́я внима́ние на значе́ние сло́ва «да».

    1. Да или нет?

    2. Да нет же!

    3. Приехали Иван да Зина.

    4. Да здравствует дру́жба!

    5. Я бы туда поехал, да денег у меня не хвата́ет.

 II. Объясни́те употребле́ние родительного и творительного паде́жей в сле́дующих предложе́ниях.

    1. Артист облада́ет прекрасным го́лосом и хорошо владе́ет им.

    2. Времени у нас теперь больше.

    3. Техника сделала челове́чество могу́щественным.

    4. Мы могу́щественнее всех наших предше́ственников.

    5. Нам не хвата́ло времени.

    6. Я хотел бы воспо́льзоваться слу́чаем поблагодари́ть вас за всё.

 III. Вста́вьте вместо то́чек да́нные глаго́лы в нужной форме. класть—положи́ть, ложи́ться—лечь, лежать

    1. Ты уже ... все свои вещи в чемода́н?

    2. Уже поздно. Пора́ ... спать.

    3. Мой друг уже три недели ... в больни́це.

    4. Ребя́та, не ... книги в портфели!

    5. Она очень уста́ла и поэтому ... на диван.

IV. Объясни́те значе́ние вы́деленных слов в да́нных предложе́ниях.

    *1. Это у нас не **при́нято**.*

    *2. **Прия́тного** аппетита!*

    *3. Его не **при́няли** в университет.*

    *4. Когда врач **принима́ет** пациентов?*

    *5. Это **прия́тная** но́вость.*

    *6. Мы не **принимаем** уча́стие в экску́рсии.*

7. *Очень* **приятно** *с вами познакомиться.*

8. *Ему надо* **принимать** *лекарства.*

К   V. Ответьте на вопросы.

1. *Почему у современного человека не хватает времени?*

2. *Какие технические средства нам помогают экономить время?*

3. *Вы (не) хотели бы жить в 19-ом веке? Почему?*

4. *В каких ситуациях современная техника не помогает?*

5. *Почему вас (не) привлекает техника?*

Р   VI. Как произносятся следующие слова?

считать, произошёл, по́льзующ**егося**, ме́сяц, в це́лом, назад, совреме́нный, драгоце́нный.

А   VII. Вставьте глаголы нужного вида в форме инфинитива.

1. *Можно ... свет, он не помешает вам? (зажигать — зажечь)*

2. *Учителю удалось ... всех учеников. (интересовать — заинтересовать)*

3. *Дети привыкли ... после обеда. (отдыхать — отдохнуть)*

4. *После ужина я хочу ... (гулять — погулять)*

5. *Советую тебе не ... на это предложение. (соглашаться — согласиться)*

6. *Я хочу ... с вами по нескольким вопросам. (советоваться — посоветоваться)*

7. *В это помещение посторонним ... запрещается. (входить — войти)*

8. *Не имеет смысла ... ему письмо, он, наверное, уже уехал. (писать — написать).*

«Отцы и дети»

(Из советского журнала «Спутник»)

В Ру́дном я познако́мился с 34-ле́тним шофёром-каза́хом Ерба́хом Тулеба́евым. Его́ жена́ Лида — русская по национа́льности. В семье́ один ребёнок — 10-летняя дочь Инга, вне́шне очень похо́жая на отца́: типи́чно казахский ова́л лица́, восто́чный разре́з глаз. Ербах и Лида приехали на строи́тельство Рудного, здесь позна-ко́мились, здесь пожени́лись. Родители по-ра́зному отнесли́сь к их сва́дьбе. Мать Лиды писала в письме́: «До́ченька, ты уже́ не ма-ленькая, решай сама́. Любишь — значит, так тому и быть». Отец Ерба́ха был разгне́ван реше́нием сына: в одном селе́ он уже́ присмо-тре́л для сына неве́сту-каза́шку.

Тем не ме́нее свадьба состоя́лась. Когда родила́сь Инга, отец Ербаха приехал в Рудный всего на один день, он ещё раз попы-та́лся уговорить сына и увезти́ его́ в Южный Казахстан. Но ничего не вы́шло. Отец уехал ни с чем, и с тех пор уже́ 10 лет не пишет сыну ни стро́чки.

— Мне это неприя́тно, — говорит Ербах, — но отка́зываться от семьи́ я не наме́рен. Я люблю жену́, люблю дочь, люблю свою рабо́ту, привы́к к городу, в котором мы живём . . .

В этой истории исключи́телен фанати́зм отца. Но эта история и показа́тельна. Она свиде́тельствует о переме́нах, произоше́дших в мировоззре́нии ны́нешнего поколе́ния. Пришёл конец какой-либо предвзя́тости во взгля́дах на взаимоотноше́ния между нациями. Новое поколе́ние ина́че смотрит на созда́ние со́бственной семьи́, и принадле́жность супру́гов к одной национальности для большин-ства́ не явля́ется непреме́нным усло́вием семе́йного сча́стья.

Я побывал в гостя́х у Тулеба́евых. В одной из комнат на полу́ — большой казахский ковёр, дань национальной традиции. Когда Ербах и его́ жена хотят приня́ть госте́й по-казахски, пи́ршество устра́ивается на ковре́. В доме есть книги на казахском языке, пока́ их читает только Ербах. Ско́ро их бу́дет читать и дочь Инга — она у́чит в шко́ле каза́хский язы́к — это обяза́тельный предме́т. Ка́ждый день почтальо́н прино́сит в кварти́ру Тулеба́евых две ме́стные газе́ты — одну́ на ру́сском, другу́ю — на каза́хском языке́.

Объясне́ния

Ру́дный — го́род в се́верном Казахста́не
я = а́втор э́той статьи́
так тому́ и быть — пусть бу́дет так
ни с чем — без результа́та; adv. verwendet, daher keine doppelte Verneinung.

Из совреме́нной поэ́зии
Го́лубь

Я ви́дела, как го́лубь
Шёл по́ льду.
Он па́дал и скользи́л,
И зли́лся от бесси́лья.

А бы́ло всё легко́,
Он про́сто позабы́л,
Что у него́ есть во́здух,
Не́бо,
Кры́лья!

Г. Нови́цкая

* *
*

Мне́ние Ли́ста

Оди́н музыка́нт, кото́рый счита́л себя́ тала́нтливым компози́тором, принёс одна́жды Фра́нцу Ли́сту свои́ но́вые ве́щи. Он хоте́л, чтобы Лист сказа́л своё мне́ние о его́ веща́х. Лист посмотре́л но́ты и сказа́л:
— В ва́ших веща́х есть мно́го прекра́сного и но́вого . . .
Музыка́нт был сча́стлив.
— Зна́чит, вы счита́ете, что мои́ ве́щи тала́нтливы? — спроси́л он. Но Лист доба́вил:
— Только жаль, что прекра́сное не но́во, а но́вое не прекра́сно.

Играть можно по-ра́зному ...

Не вы́держал.

Ещё одно чу́до света?

Всякое

Зна́ете ли вы, что ...

в 1961 году́ в Москве́, Ленингра́де и Ки́еве был пу́щен в эксплуа-та́цию видеофо́н. Это обору́дование объединя́ет в себе́ сво́йства теле-фо́на и телеви́дения.

Анекдот

Реда́ктор спра́шивает корреспонде́нта:
— Что вам сказа́л президе́нт?
— Ничего́.
— Прекра́сно. Неме́дленно напиши́те репорта́ж. Но не бо́льше шести́ страни́ц на маши́нке.

Ребус

Кака́я это страна́?

В гостя́х хорошо́, а до́ма лу́чше.

Грамматика

Zur Kurzform des Eigenschaftswortes

Wenn ein Adjektiv eine Maßangabe ist, kann die Kurzform statt «слишком (allzu) + Langform" verwendet werden:

Пальто ко́ротко. = Пальто слишком коро́ткое.

— Der Mantel ist **zu** kurz.

Unregelmäßige Kurzformen

большо́й und маленький haben unregelmäßige Kurzformen, die — siehe oben — zwei Bedeutungen haben:

большо́й — вели́к, -а́, -о́, -и́ 1. .ist (sind) groß
                                    2. ist (sind) **zu** groß
маленький — мал, -а́, -о́, -ы́ 1. ist (sind) klein
                                    2. ist (sind) **zu** klein

Велика́ ра́зница в ...   — Groß ist der Unterschied ...
Боти́нки мне велики́ (малы́). — Die Schuhe sind mir zu groß (klein).

Die Bedeutungen der Partikel «ни»

(Zusammenfassung)

1. ни — ни: **weder — noch**

   У меня нет ни братьев, ни сестёр.

2. ни (один 3): **kein einziger**

   Я ни (одного) сло́ва не понима́л.

3. кто (бы) ни, что (бы) ни, где (бы) ни ...

   wer auch immer, was auch immer, wo auch immer ...:

   Кто ни уви́дит, удиви́тся.

Häufig vorkommende Lokative auf -ý

берег	— на берегу́:	auf dem Ufer, am Ufer
глаз	— в глазу́:	im Auge
год	— в этом году́:	in diesem Jahr
край	— в краю́:	im Land, im Gebiet
Крым	— в Крыму́:	auf der Krim
лес	— в лесу́:	im Wald
мост	— на мосту́:	auf der Brücke

пол	— на полу́:	auf dem Fußboden
порт	— в порту́:	im Hafen
рот	— во рту́:	im Mund
ряд	— в первом ряду́:	in der ersten Reihe
сад	— в саду́:	im Garten
снег	— в снегу́:	im Schnee
угол	— в углу́:	in der Ecke
шкаф	— на (в) шкафу́:	auf (in) dem Kasten

Liegt keine Ortsangabe vor, so steht die regelmäßige Endung -e:

говори́ть о ле́се

Упражнения

G   I. Замени́те по́лные формы прилага́тельных кра́ткими формами.

    1. Эта комната слишком маленькая.

    2. Ботинки слишком большие.

    3. Пальто слишком маленькое.

    4. Костюм слишком большой.

    5. Брюки слишком маленькие.

G   II. Назовите анто́нимы к вы́деленным словам и поставьте на этих слова́х зна́ки ударе́ния.

    1. Шапка тебе мала́.

    2. Платье ей широко́.

    3. Пальто тебе велико́.

    4. Этот костюм вам вели́к.

    5. Эти туфли мне велики́.

    6. Эти синие брюки мне узки́.

G   III. Замените «никакой» слова́ми «ни один» и переведи́те о́ба варианта на немецкий язык.

    1. Мальчик никакой вещи не теря́л.

    2. Я никакого знако́мого не видела.

    3. Мы ни в каком магазине не видели таких сувениров.

    4. К сожалению, мы ни на какой концерт не ходили.

G   IV. Доба́вьте слово «один» в нужной форме.

    1. Боря ни строчки не писал.

2. *У него нет ни копейки.*

3. *Я ни слова не слышал.*

4. *На улице нет ни души.*

5. *Там не было слышно ни звука.*

K

V. Ответьте на вопросы.

1. *Как родители Ербаха и Лиды относились к свадьбе своих детей?*

2. *Чем эта история показательна?*

3. *Как вы смотрите на брак между людьми различных национальностей?*

4. *Опишите семейную жизнь Тюлебаевых!*

L

VI. Замените выделенные слова синонимичными.

1. *Отец приехал **всего** на один день.*

2. *Отец уехал **ни с чем**.*

3. *Я **не намерен** отказываться от семьи.*

4. *Родители по-разному **относились** к их свадьбе.*

5. *Отец был **разгневан** решением сына.*

P

VII. Как произносятся следующие слова?

свадьба, доченька, письмо, национальность, борьба, большинство, резьба, коньки.

A

VIII. Образуйте от глаголов, стоящих в скобках, глагол нужного вида и поставьте его в форме будущего времени.

1. *Завтра мы весь день ... в лесу.*

   Каждый день мы ... в лесу.   (проводить, провести)

2. *Если я завтра ... этот фильм, я смогу рассказать тебе его содержание.*

   Если завтра мы ... этот фильм, я смогу обратить твоё внимание на эти моменты в картине.

                          (смотреть, посмотреть)

3. *Всю работу мы ... к сроку.*

   Я даю слово, что всегда ... всю работу к сроку.

                          (выполнять, выполнить)

4. *Всё лето мы ... в море.*
Перед завтраком мы ... быстро в море.

(купаться, выкупаться)

5. *Два часа я ... слова.*
За два часа я ... все новые слова. *(учить — выучить)*

Конец дру́жбы

Из газеты «Комсомо́льская Пра́вда».

Уже́ год, как я око́нчила те́хникум и рабо́таю контролёром в лаборато́рии на заво́де. Здесь же рабо́тает сле́сарь Алёша. Мы познако́мились с ним в нашем клу́бе на одной из репети́ций. Подружи́лись. Всем нра́вился мне Алёша. И ла́сковый, и развито́й, и с лица́ хоро́ший. В одно́м у нас то́лько бы́ло разногла́сие — во́дка! Я не раз, не два ви́дела Алёшу, как говоря́т, «вы́пившим». Мне о́чень э́то не нра́вится, но как сказа́ть ему́ об э́том?

До́лго не реша́лась, боя́лась — оби́дится. А пото́м набрала́сь ду́ху и сказа́ла. На удивле́ние, он восприня́л мои слова́ споко́йно. Даже посмея́лся. Сказа́л: «Чуда́чка, разве мо́жно из-за э́того так пережива́ть!» Я уже́ ду́мала, что тепе́рь всё бу́дет хорошо́, даже фантази́ровала, как уговорю́ я его́ поступи́ть в те́хникум, бу́ду помога́ть в заня́тиях. И вдруг вся наша дру́жба распа́лась.

Был городско́й воскре́сник. Наши ребя́та то́же принима́ли в нём уча́стие. На воскре́сник пришёл и Алёша. Рабо́тал так — смотре́ла я и любова́лась. Но по́сле рабо́ты он вдруг исче́з куда́-то с ребя́тами. Ве́чером — стук в дверь. Выхожу́ — стои́т. Голова́ све́силась, глаза́ му́тные. На́до ли говори́ть, как мне бы́ло сты́дно, когда я уви́дела Алёшу пья́ного, е́ле воро́чавшего языко́м! Сты́дно бы́ло перед сестро́й, перед роди́телями, сты́дно и оби́дно.

В понеде́льник на рабо́те я прошла́ ми́мо Алёши и отверну́лась. Мне ни здоро́ваться, ни разгова́ривать с ним не хоте́лось. До́лжен же он поня́ть, что нельзя себя так вести́! Но самое больно́е было то, что на Алёшу моё молча́ние никако́го впечатле́ния не произвело́.

... Когда меня спроси́ли в лаборатории, что случилось, — ви́дно, очень расте́рянное лицо́ у меня было, — я рассказала, в чём дело. Мне посочу́вствовали, а кто-то из сослужи́вцев при встре́че упрекну́л Алёшу и советовал ему подойти ко мне и извини́ться. Но прошло́ несколько дней, а Алёша не только не извини́лся, а, наоборо́т, хо́дит злой.

Его поведе́ние ре́зко измени́лось. Он даже теперь при мне в це́хе стал гру́бо разговаривать с девушками. Раньше тако́го никогда не́ было.

Теперь ста́ли доходи́ть до меня и други́е мне́ния. Говорят, слишком уж кома́ндую. Подумаешь, вы́пил человек! Все пьют, и ничего осо́бенного в этом нет. И добавля́ют: мало того, что сама́ пи́лит, да ещё другим рассказала.

Наша дружба оборва́лась. Я всегда думала, что дружи́ть — значит первой говорить другу о его недоста́тках. Я не могу с пья́нством мири́ться, но многие думают, что тут воева́ть не обяза́тельно. И даже девушки счита́ют: вы́пьет па́рень, это не грех, на то он и па́рень! А по-мо́ему, это непра́вильно!

Объяснения

с лица́ хороший = красивый
развито́й = умный
набраться ду́ху — Genitiv auf -у
воскре́сник — freiwillige kollektive Arbeit am Sonntag
поду́маешь! — ironischer Ausruf: man stelle sich vor!
мало того́, что — nicht genug damit, daß
е́ле воро́чать языком — kaum reden können

О советских людях
Об Ивано́вых и Кузнецо́вых

Са́мой распространённой в СССР явля́ется фамилия Ивано́в. В Росси́и она встреча́лась в трёх ви́дах: се́рбы, которые жили в Росси́и, носи́ли фамилию И́ванов с ударе́нием на первом сло́ге, офице́ры и люди «благоро́дного» зва́ния тре́бовали, чтобы их назывáли Ивáнов, с ударéнием на вторóм слóге, солдаты и простолюдúны произносúли свою фамилию Иванóв, с ударéнием на последнем слóге.

Наибóлее распространённая в мире фамилия — произвóдная от слова «кузнéц».

* * *

Не мóгут разбудúть

В прошлом вéке в одном из московских театров шла пьеса драматурга Боборыкина.

— Смотрите, — насмéшливо сказал Боборыкину другой драматург Шпажúнский, показывая на спокóйно спящего зрúтеля.

Боборыкин ничего не ответил.

Через неделю в том же театре шла новая пьеса Шпажúнского. Автор и Боборыкин сидели на своих обычных местах. Вдруг Боборыкин, насмéшливо улыбáясь, показал Шпажúнскому, что недалеко от них спит зрúтель.

— Знаю, — спокóйно ответил Шпажúнский. — Это всё тот же зрúтель. Он заснýл ещё на вашей пьесе, и с тех пор его не могут разбудúть.

Трудно нам со взрóслыми ...

Ученик: Я хочу только сказать вам, что сегодня — День защúты детей ...

Знакóмься, моя мама!

Всякое

Знаете ли вы, что ...

и раньше в русском языке было слово неделя. Так назывался день, когда люди не работали, отдыхали, ничего не делали — не-деля. Поэтому первый день после недели называется «понедельник». Сейчас день, когда мы не работаем, называется «воскресенье».

Шутка

Английский актёр Пасмор весил 110 килограммов. Однажды в сцене, где он падает мёртвым, четверо статистов должны были вынести его. Увы, это было нелегко. Публика начала хохотать. Тогда «мертвец» встал на ноги и крикнул в зрительный зал:
— Не смейтесь над покойником!

Загадка

О в квадрате

По горизонтали:
1. russ. ,,Unterrichtsstunden",
2. Grundzahl, 3. Buntmetall, 4. Werkzeug, 5. russ. ,,Brennholz".

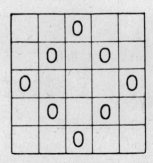

Не плюй в колодец, воды придётся напиться.

Грамматика
Zu den Vorwörtern
Zusammengesetze Präpositionen

I. из-за — 1. hinter ... hervor: Дети смотрели из-за дерева.
2. wegen: Из-за дождя мы не поехали за город.

II. из-под   — 1. unter ... hervor: Травá показáлась из-под снéга.
              2. unübersetzt, zur Bezeichnung leerer Behälter:
                 бутылка из-под винá — (leere) Weinflasche
              3. bei Städten: aus der Umgebung von ... из-под
                 Москвы — aus der Umgebung Moskaus

Weitere wichtige Präpositionen

mit dem 2. Fall

вóзле	— neben, (sehr nahe) bei:	Он живёт возле нас.
мúмо	— vorbei an:	Мы прошли мимо магазина.
óколо	— bei, in der Nähe von:	Óколо пáмятника стояло мно- го нарóда.
	etwa (bei Zahlenang.):	Мы встретимся óколо десятú.
прóтив	— gegen, gegenüber:	Это лекáрство прóтив грúппа.
средú	— inmitten, unter:	Мальчик остановился средú улицы.
		Средú моих друзей много спортсменов.

mit dem 4. Fall

сквозь	— durch ... hindurch:	Самолёт летел сквозь тýчи.
про	= o + 6. Fall:	Расскажи про себя!

mit dem 6. Fall

при — in Gegenwart, zu Lebzeiten, unter, bei	
при Петрé I	— unter Peter I.
при сильном вéтре	— bei starkem Wind
При школе общежúтие.	— Bei der Schule ist ein Internat; zur Schule gehört ein Internat.
при встрéче	— beim (Zusammen)treffen
при мне	— in meiner Gegenwart

Wichtige Pluralwörter

брю́ки, брюк	—Hose	очкú, очкóв	— Augengläser
деньги, денег	—Geld	сáнки, сáнок	— Schlitten
каникулы, каникул	—Ferien	сýтки, сýток	— 24 Stunden

воро́та, воро́т	— Tor	черни́ла, черни́л — Tinte
заня́тия, заня́тий	— Unterricht	ша́хматы, ша́хмат— Schachspiel
но́жницы, но́жниц	— Schere	

Упражнения

G I. Вставьте вме́сто то́чек подходящие предло́ги.

1. *Они пробежали ... нашего дома.*
2. *Санаторий стоит ... мо́ря.*
3. *Альпинисты всё время шли ... тума́н.*
4. *Мы ждали ... двух часов.*
5. *... комнаты стояла прекрасная ёлка.*
7. *Врачи́ бо́рются ... алкоголи́зма.*

G II. Переведите на немецкий язык.

1. *Положи́ вещи в я́щик из-под минеральной воды́!*
2. *Хозя́ин встал из-за стола́.*
3. *Мальчик смотрел из-за две́ри.*
4. *Вчера он вернулся из-за грани́цы.*
5. *Нет ли у тебя коро́бки из-под конфе́т?*
6. *Из-за холо́дной погоды мы не поехали на прогу́лку.*
7. *Собака вы́бежала из-под стола́.*
8. *Мои друзья приехали из-под Москвы.*
9. *Из-за тебя я остался дома.*
10. *Нам нужна буты́лка из-под пи́ва.*

G III. Переведи́те предложе́ния, обраща́я внима́ние на значе́ние словосочета́ний.

1. *я́щик со́довой воды́* — *ящик из-под содовой воды*
2. *ба́нка консе́рвов* — *банка из-под консервов*
3. *буты́лка шампа́нского* — *бутылка из-под шампанского*
4. *коро́бка конфе́т* — *коробка из-под конфет*

G IV. Переведи́те предложе́ния, обраща́я внима́ние на употребле́ние предло́га «при».

1. *Мы это сделали при по́мощи друзей.*
2. *Столо́вая нахо́дится при школе.*

3. Этот город был постро́ен при Петре́ I.

4. Они работали при све́те лампы.

5. Она сказала это при мне.

G   V. Поставьте стоя́щие в ско́бках слова́ в ну́жном падеже́.

1. Мальчики ждали у (ворота).

2. Кто этот молодой человек в (очки)?

3. Это последняя неделя (каникулы).

4. Сколько (сутки) вы будете в пути?

5. У меня мало (деньги).

6. Кто эта девушка в (брюки)?

7. Разрежьте это (ножницы)!

8. Дети катаются на (санки).

W   VI. Переде́лайте предложе́ния по образцу́:
Давайте угова́ривать Серёжу! — Давайте уговорим Серёжу!

1. Давайте знако́миться!

2. Давай набира́ться ду́ху!

3. Давайте помогать ему!

4. Давай спрашивать, что случилось!

K   VII. Отве́тьте на вопросы.

1. Какая вне́шность и какой характер у Алёши?

2. О чём мечта́ла девушка?

3. Как она относи́лась к пья́ному Алёше?

4. Как реаги́ровал Алёша?

5. Почему, по-вашему, люди пья́нствуют?

L   VIII. Назовите однокоренны́е слова́.

1. разногла́сие   *4. сочу́вствовать*

2. любова́ться   *5. поведе́ние*

3. впечатле́ние   *6. мири́ться*

L   IX. Переведи́те предложе́ния, обраща́я внима́ние на многозна́ч-
ность глаго́ла «проходить — пройти».

1. Мы прошли мимо театра.

2. Туристы прошли через лес.

3. За час мы прошли 6 км.

4. Зима проходит.

5. Здравствуйте, Кирилл Петрович, проходите, пожалуйста, садитесь!

Р X. Как произносятся следующие словá?

1. *социализм, коммунизм, либерализм*
2. *жизнь, боязнь, болезнь*
3. *мало государ**ств**, несколько министер**ств**, много удоб**ств**.*

А XI. Вместо точек вставьте глаголы нужного вида из скобок в форме прошедшего времени.

1. *Мы долго ... и наконец ... к московскому климату: теперь нам морозы не страшны. (привыкнуть, привыкать)*
2. *Лектор ... записку и посмотрел в зал. Пока он ..., в зале стояла тишина. (читать, прочитать)*
3. *Я три раза ... (повторять, повторить) это стихотворение и, наконец ... (учить, выучить) его.*

18-й урок

Иван Алексеевич Бунин
(1870—1953)

Господин из Сан-Франциско

Господин из Сан-Франциско ехал в Европу на целых два года, с женой и дочерью, единственно ради развлечения.

Он был твёрдо уверен, что имеет полное право на отдых и на удовольствия, потому что, во-первых, он был богат, а, во-вторых, только что приступал к жизни, несмотря на то, что ему было пятьдесят восемь лет. До этой поры он не жил, а лишь существовал, правда, неплохо существовал, но все надежды возлагались им на будущее. Он работал не покладая рук и наконец увидел, что сделано уже много, что он почти сравнялся с теми, кого некогда взял себе за образец, и решил передохнуть. Люди, к которым принадлежа́л он, име́ли обы́чай начинать наслажде́ние жи́знью с поездки в Евро́пу, в Индию, в Еги́пет. Решил и он поступи́ть так же. Коне́чно, он хотел вознагради́ть за го́ды труда́ пре́жде всего себя; одна́ко он рад был и за жену́ с до́черью. Жена́ его никогда не отлича́лась осо́бой впечатли́тельностью, но ведь все пожилы́е америка́нки стра́стные путеше́ственницы. Для дочери же, девушки на во́зрасте и немного боле́зненной, это путешествие было про́сто необходи́мо: не говоря́ уже о по́льзе для здоровья, разве не бывает в путешествиях счастли́вых встреч? Ведь иногда сидишь за столо́м или осма́триваешь музеи рядом с миллиарде́ром ...

Маршру́т был вы́бран господином из Сан-Франциско обши́рный.

В декабре́ и январе́ он наде́ялся наслажда́ться солнцем Ю́жной Италии, па́мятниками дре́вности, таранте́ллой, серена́дами бродя́чих певцо́в и любо́вью моло́деньких неаполита́нок, пусть даже и не совсем бескоры́стной. Карнава́л он думал провести́ в Ницце, в Монте-Карло, куда в эту по́ру съезжа́ется самое отбо́рное аристократи́ческое о́бщество и где одни с аза́ртом занимаются автомоби́льными и па́русными го́нками, други́е — руле́ткой, третьи — фли́ртом, а четвёртые — стрельбо́й в голубе́й. В начале марта он хотел осмотреть Флоренцию, затем приехать в Рим. В его планы входили и Вене́ция, и Пари́ж, и бой быко́в в Севи́лье, и Афи́ны, и Константино́поль, и Палести́на, и Еги́пет, и даже Япо́ния, — конечно, уже на обра́тном пути́ ... И всё шло сперва́ прекра́сно.

Был конец ноября́, до са́мого Гибралта́ра плыли среди бу́ри с мо́крым снегом, но плы́ли вполне́ благополу́чно. Пассажиров было много, парохо́д — знамени́тая «Атланти́да» — был похож на грома́дный оте́ль со всеми удо́бствами, — с ночны́м ба́ром, с восто́чными ба́нями, с со́бственной газетой. Жизнь текла́ разме́ренно: вставали рано; наки́нув пижа́мы, пи́ли ко́фе, шокола́д, кака́о; затем садились в ва́нны; делали гимнастику, возбужда́я аппетит и хорошее самочу́вствие, соверша́ли дневны́е туале́ты и шли к первому завтраку; до оди́ннадцати часов гуляли по па́лубам для нового возбужде́ния аппетита, а в одиннадцать подкрепля́лись бутербро́дами с бульо́ном; подкрепи́вшись, с удово́льствием читали газету и спокойно ждали второго завтрака, ещё бо́лее пита́тельного и разнообра́зного, чем первый; следующие два часа посвяща́лись о́тдыху. На всех па́лубах в кре́слах путеше́ственники лежа́ли, укры́вшись пле́дами. В пя́том часу́ их, освежённых и повеселе́вших, пои́ли кре́пким души́стым ча́ем с пече́ньями; в семь извеща́ли сигна́лами о том, что составля́ло главне́йшую цель всего́ этого существова́ния ... Тут господи́н из Сан-Франци́ско спеши́л в свою́ бога́тую каби́ну — одева́ться.

В дальне́йшем опи́сывается пребыва́ние господи́на из Сан-Франци́ско в одно́й из роско́шных гости́ниц о́строва Капри.

Коне́ц сле́дует.

Объяснения

це́лых два го́да — (Wortstellung nur so möglich) zwei ganze Jahre
не поклада́я рук — unermüdlich
не́когда — hier: когда-то, давно
де́вушка на во́зрасте — ein erwachsenes, reifes Mädchen
пусть — wenn auch, zugegeben
оте́ль — als Fremdwort zu sprechen: (отэл')
восто́чные ба́ни — тип бань на востоке
главне́йшая цель — в виду́ име́ется пышный обед

Из совреме́нной поэ́зии

Наи́вная Плане́та

— Я ви́жу всех! —
      подумала Планета
И даже где-то подчеркну́ла это.
А на неё
      с улы́бкой
            погляде́ла
Вселе́нная,
Которой нет преде́ла.

А. Малин

* * *

Игра́ слов

Анекдо́т о ру́сском поэте Александре Серге́евиче
Пу́шкине (1799—1837)

Однажды Пушкин сидел в кабинете графа С. ..., читая про себя
какую-то книгу. Сам граф лежал на диване. На полу́, о́коло
пи́сьменного стола́, игра́ли дво́е его дете́й. «Саша, скажи что-нибудь экспромтом», говорит граф, обраща́ясь к Пушкину. После́д-
ний, ниско́лько не заду́мываясь, скороговоркой отвечает:
«Дети́на полуу́мный лежит на диване.»
Граф обиделся. «Вы сли́шком забываетесь, Александр Сергеевич!»
стро́го заметил он. «Ничу́ть. Но вы, ка́жется, не по́няли меня. Я
сказал: Дети — на полу́; умный лежит на диване.»

Надо быть бо́лее сде́ржанным ...

— До чемпиона́та, доктор, он был на
ре́дкость уравнове́шенным ...

К чему может привести слепа́я
я́рость ... (в назида́ние серди́тым).

Всякое

Знаете ли вы, что ...

русские писатели Бу́нин, Пастерна́к, Солжени́цын и Шо́лохов —
лауреа́ты Нобеле́вской пре́мии по литературе?

Мы улыбаемся

— Официа́нт, у этой ку́рицы одна нога́ коро́че другой!
— Ну и что? Вы же не собираетесь танцевать с ней!

Ребус
Какое это число́?

> Рыба ищет, где гдубже, а человек, где лучше.

Грамматика

Zum verneinten Fürwort

не́кого, не́чего

1. Dieses verneinte Fürwort hat keinen Nominativ und keine doppelte Verneinung.
2. Das Subjekt steht in diesen Konstruktionen im Dativ, das Verb im Infinitiv.
3. Wörtliche Übersetzung:

Es gibt niemanden (nichts), + Relativsatz mit „können"

4. Deklination
   1. — — —   — — —
   2. не́кого   не́чего
   3. не́кому   не́чему
   4. не́кого   не́чего
   5. не́ с кем   не́чем
   6. не́ о ком   не́ о чем

Мне не́чего читать.

Es gibt nichts, was ich lesen kann (könnte). = Ich habe nichts zu lesen.

Коле не́ с кем было пере-
пи́сываться.

Kolja hatte niemanden, mit dem er korrespondieren konnte. =
Kolja hatte keinen Brieffreund.

Не за что (поблагодари́ть)!	Es gibt nichts, wofür man danken könnte. = Keine Ursache! Bitte sehr! (als Antwort auf «спасибо»)

Anmerkung:

«не-» kann auch mit Umstandwörtern verbunden werden:

Мне было не́когда.	Ich hatte keine Zeit.
Здесь не́где ночевать.	Hier gibt es keine Übernachtungs-möglichkeit.

Упражнения

 I. Переведи́те предложе́ния, обраща́я внима́ние на ра́зницу в значении отрица́тельных местоиме́ний.

1. *Я ничего не подари́л ему.* — *Мне не́чего было подарить ему.*
2. *Он никого не спросил об этом.* — *Ему не́кого было спросить об этом.*
3. *Я ни с кем не сове́туюсь.* — *Мне не́ с кем советоваться.*
4. *Мы ни о чём не говорили.* — *Нам не́ о чем было говорить.*
5. *Я ни от кого не получаю пи́сьма.* — *Мне не́ от кого получать пись-ма.*

 II. Переведите на немецкий язык.

1. *Вам не́откуда ждать писем.*
2. *Им не́куда пойти сегодня вечером.*
3. *Директору не́когда с вами разговаривать.*
4. *Это всё. Дальше не́чего рассказывать.*
5. *Тебе не́чему радоваться, ничего хорошего не произошло́.*
6. *Поговорить было не́ с кем.*

 III. Переведи́те эти предложе́ния. Обрати́те внима́ние на перево́д возвратных местоимений и возвратных глаголов.

1. *Он взял себе за образе́ц отца.*
   Возьми себя в ру́ки!
   Гимнасты взяли́сь за руки.
   Миша взялся за работу.

2. *Этим путешествием господин из Сан-Франциско награ-
дил прежде всего самого себя.*
Он награждался несколько раз орденами.
3. *Я не могу себе представить, как всё это случилось.*
Разрешите представиться, моя фамилия Кузнецов.
Новый учитель представился классу.

W IV. Вставьте перед выделенными словами «самый».

1. *С* **весны** *я мечтал об этой поездке.*
2. *Мы живём на* **краю** *города.*
3. *Все остались до* **конца** *собрания.*
4. *Я буду ждать вас у* **входа** *на станцию.*
5. *Гостиница стоит у* **моря**.

K V. Ответьте на вопросы.

1. *Охарактеризуйте господина из Сан-Франциско и членов
его семьи!*
2. *Как проходит день на пароходе-люкс.*
3. *Как вы бы путешествовали вокруг света, если бы у вас
были средства?*

L VI. К следующим словам подберите однокоренные.

1. *самочувствие*   5. *путешественница*
2. *разнообразный*   6. *повеселить*
3. *болезненный*   7. *сравняться*
4. *необходимый*

P VII. Как произносятся следующие слова?

эти — третьи   врачи — чьи
семи — семьи   идти — статьи

A VIII. Объясните употребление видов.

1. *Вчера я писал письмо.*   *Вчера я написал письмо.*
2. *Мы учили эти стихи.*   *Мы выучили эти стихи.*
3. *Художник рисовал кар-*   *Художник нарисовал картину.*
   тину.
4. *На вечере Маша пела*   *Она спела несколько песен.*
   русские песни.

5. *Утром он пил кофе.*   *Он выпил две чашки кофе.*
6. *Ученик рассказывал*   *Ученик рассказал текст.*
   текст.
7. *Мы повторяли старые*   *Я повторил все тексты.*
   тексты.

Господин из Сан-Франциско

(конец)

Он не спеша пошёл по коридорам, устланным красными коврами, отыскивая читальню. Встречные слуги жались от него к стене, а он шёл, как бы не замечая их ... В читальне, уютной, тихой и светлой только над столами, был только какой-то седой немец. Холодно осмотрев его, господин из Сан-Франциско сел в глубокое кожаное кресло в углу, около лампы под зелёным колпаком, надел пенсне и весь закрылся газетным листом. Он быстро прочитал заглавия некоторых статей, прочёл несколько строк о войне на Балканах, привычным жестом перевернул газету, — как вдруг глаза выпучились, пенсне слетело с носа ... Он рванулся вперёд, хотел глотнуть воздуха — и дико захрипел; нижняя его челюсть, вся в золоте пломб, отпала, голова завалилась на плечо — и всё тело поползло на пол ...

Не будь в читальне немца, в гостинице сумели бы быстро и ловко замять это ужасное происшествие: мгновенно задними ходами за ноги и за голову унесли бы господина из Сан-Франциско куда-нибудь подальше — и ни единая душа из гостей не узнала бы, что натворил он. Но немец с криком выбежал из читальни, всполошил весь дом, всю столовую. На всех языках раздавалось «Что, что случилось?» Американца торопливо внесли и положили на кровать в сорок третий номер — самый маленький, самый плохой, самый сырой и холодный, в конце нижнего коридора ...

Через че́тверть часа́ в оте́ле всё ко́е-как пришло́ в поря́док. Но вечер был непоправи́мо испо́рчен ... Ми́ссис проси́ла хозя́ина гости́ницы перенести́ поко́йного в его комнату.

— О нет, мада́м, — поспе́шно, корре́ктно, по уже без вся́кой любе́зности возрази́л хозя́ин, кото́рому совсем не интере́сны были те пустяки́, которые могли́ тепе́рь оста́вить в его кассе прие́хавшие из Сан-Франци́ско. Всему́ Ка́при могло́ стать изве́стно о происше́дшем, и тури́сты на́чали бы его избега́ть.

Мисс се́ла на стул и зарыда́ла. Ми́ссис ста́ла тре́бовать, всё ещё не ве́ря, что уваже́ние к ним оконча́тельно поте́ряно. Хозя́ин был непреклонен: если мада́м не нра́вятся поря́дки оте́ля, он не сме́ет её заде́рживать. А те́ло, заяви́л хозя́ин, должно́ быть вы́везено сего́дня же на рассве́те. Можно ли доста́ть на Ка́при хотя́ бы просто́й гото́вый гроб, спра́шивает мада́м. К сожале́нию нет, а сделать никто́ не успе́ет. Придётся поступи́ть как-нибудь ина́че ... Со́довую во́ду, наприме́р, он получа́ет в больши́х и длинных я́щиках ... перегоро́дки из такого я́щика можно вы́нуть ...

Но́чью весь оте́ль спал ... А на рассве́те к сорок тре́тьему но́меру принесли́ дли́нный я́щик из-под со́довой воды́. Вско́ре он стал очень тяжёл ... Я́щик доста́вили на при́стань, куда́ уже ра́ньше прие́хали мисс и ми́ссис, погрузи́ли на парохо́дик, и он навсегда́ увёз с Ка́при семью́ из Сан-Франци́ско ... Те́ло мёртвого старика́ возвраща́лось тепе́рь домо́й, в моги́лу, на берега́ Но́вого Све́та. Испыта́в много униже́ний, много челове́ческого невнима́ния, оно сно́ва попа́ло наконец на тот же самый знамени́тый кора́бль, на кото́ром так ещё неда́вно, с таки́м почётом везли́ его в Ста́рый Свет. Но тепе́рь уже скрыва́ли его от живы́х — глубоко́ спусти́ли в чёрный трюм ... А на корабле́, в све́тлых, сия́ющих за́лах, был, как обы́чно, бал в эту ночь. Был он и на другу́ю, и на тре́тью ночь. И никто́ не знал, что стои́т глубоко́, глубоко́ под ними в чёрном трю́ме ...

Объясне́ния

как бы = как бу́дто
прочёл = прочита́л
хотя́ бы = wenigstens

Сокращения

им.	имени		ч.	час
и т. д.	и так далее		мин.	минута
напр.	например		сек.	секунда
см.	смотри		г.	год
т. е.	то есть		в.	век
тов.	товарищ		н. э.	нашей эры
д.	дом		до н. э.	до нашей эры
ул.	улица			
кв.	квартира		мм	миллиметр
г.	город		см	сантиметр
			км	километр
р., руб.	рубль		м², кв.м.	квадратный метр
к., коп.	копейка		л	литр
			г	грамм
			кг	килограмм

Сокращение	Произношение	значение
СССР	эс-эс-эс-эр	Союз Советских Социалистических Республик
РСФСР	эр-эс-эф-эс-эр	Российская Советская Федеративная Социалистическая Республика
ЧССР	че-эс-эс-эр	Чехословацкая Социалистическая Республика
ФРГ	фэ-эр-гэ	Федеративная Республика Германии
ГДР	гэ-дэ-эр	Германская Демократическая Республика
США	ша, сэ-ша, сэ-ша-а	Соединённые Штаты Америки
Донбасс		Донецкий бассейн
Кузбасс		Кузнецкий бассейн
ГАИ	гаи	Государственная автомобильная инспекция
ГУМ	гум	Государственный универсальный магазин
ГЭС	гэс	гидроэлектрическая станция
КПСС	ка-пэ-эс-эс	Коммунистическая партия Советского Союза
МГУ	эм-гэ-у	Московский государственный университет
ООН	о-он	Организация Объединённых Наций
ТАСС	тасс	Телеграфное агентство Советского Союза
ЦК	цэ-ка	Центральный Комитет
колхоз		коллективное хозяйство
совхоз		советское хозяйство
ТУ-104	ту сто четыре	Туполев сто четыре
ИЛ-18	ил восемнадцать	Ильюшин восемнадцать

СЭВ	сэв	Совет Экономической Взаимопомощи
ВДНХ	вэ-дэ-эн-ха́	Вы́ставка достиже́ний наро́дного хозя́йства
ВУЗ	вуз	Вы́сшее уче́бное заведе́ние

* * *

Экзамен по анато́мии

Изве́стный ру́сский врач Бо́ткин в тре́тий раз принима́л экза́мен по анато́мии у одного́ студе́нта. Ю́ноша и на э́тот раз не мог отве́тить ни на оди́н вопро́с. Экза́мен вновь не́ был при́нят. Че́рез не́которое вре́мя к Бо́ткину пришла́ гру́ппа студе́нтов. Они́ рассказа́ли ему́, что их това́рищ кра́йне пода́влен очередно́й неуда́чей, грози́т поко́нчить с собо́й, собира́ется «вонзи́ть нож в се́рдце».

Бо́ткин успоко́ил их:

— Ваш друг не зна́ет строе́ния челове́ческого те́ла. Он не найдёт се́рдца.

Спорт ра́ньше и тепе́рь . . .

Мета́тель мо́лота

Штанги́ст

Чемпио́н в наилегча́йшем ве́се

Всякое

Знаете ли вы, что ...

слово рубль произошло́ от глаго́ла руби́ть? Раньше деньга́ми были куски́ зо́лота или серебра́. Рублём называли кусо́к определённого ве́са, который отруба́ли от куска́ зо́лота или серебра́.

Анекдот

В переры́ве между ра́ундами слабый боксёр спрашивает у секунда́нта:
— Есть у меня ша́нсы на побе́ду?
— Конечно, — хладнокро́вно отвечает секунда́нт. — Если ты и дальше будешь так маха́ть рука́ми у проти́вника под но́сом, он, наверняка́, поги́бнет от воспале́ния лёгких.

Ребус-скорогово́рка

(На дворе́ трава́, на траве́ дрова́.)

> Одна ла́сточка весны́ не делает.

Грамматика

Zu den Bedingungssätzen

Statt если бы + Perfekt wird auch — besonders in der Umgangssprache — der IMPERATIV verwendet:

Напиши́ я ему раньше, он получил бы письмо́. =
Если бы я написал ему раньше, он получил бы письмо́.

Unbestimmtes Fürwort (Ergänzung)

Hauptwörtlich		Eigenschaftswörtlich
irgendwer	irgendetwas	irgendein
1. кто́-то	что́-то	како́й-то 3
2. кто́-нибудь	что́-нибудь	какой-нибудь 3
3. ко́е-кто	ко́е-что	ко́е-какой 3

Anwendung:

1. -то drückt den geringeren Grad der Unbestimmtheit bzw. die bloße Unkenntnis („unbekannt, wer oder was") aus und wird daher vorwiegend in Aussagesätzen der Gegenwart und Vergangenheit gebraucht. Z. B.:

Кто́-то принёс вам письмо.   — Irgendwer (unbekannt, wer) hat Ihnen einen Brief gebracht.

2. -нибудь (buchsprachlich -либо) drückt die völlige Unbestimmtheit bzw. Gleichgültigkeit („gleichgültig, wer oder was") aus und wird daher vorwiegend in der Zukunft, in Befehls- und Fragesätzen verwendet. Z. B.:

Купи́те что́-нибудь (что́-либо)!   — Kauft irgendetwas (gleichgültig, was)!

3. кое- wird verwendet, wenn der Sprecher den Sachverhalt kennt, den Gesprächspartner aber in Unkenntnis läßt. Diese Formen beinhalten eine Ungewißheit in numerischer Hinsicht, daher empfiehlt sich die Übersetzung mit „diese(r) und jene(r), so manche(r)" bzw. „dieses und jenes, so manches, einiges".

Ко́е-кто пришёл.   — Dieser und jener kam. So mancher kam.

Я хотел бы вам ко́е-что сказать.   — Ich möchte Ihnen dieses und jenes (so manches, einiges) sagen.

Anmerkung: Die Partikel -то, -нибудь, -либо, кое- können auch mit Umstandswörtern verbunden werden:

Вы когда́-нибудь смотре́ли советский фильм?   — Haben Sie jemals einen sowjetischen Film gesehen?

Он куда́-то ушёл.   — Er ist irgendwohin gegangen.

Ко́е-где лежа́л ещё снег.   — Hie und da lag noch Schnee.

Упражнения

G I. Замените императивы формами конъюнктива.

1. *Не будь Коли, было бы очень скучно.*
2. *Случись это со мной, я не знал бы, что делать.*
3. *Опоздай мы на несколько минут, они бы уехали.*
4. *Напиши я ему вчера письмо, он получил бы его сегодня.*
5. *Скажи ты пораньше, всё можно было бы устроить.*
6. *Живи он не так далеко, мы бы чаще встречались.*

G II. Переведите предложе́ния, обраща́я внима́ние на значе́ние неопределённых местоимений.

1. *Я ко́е-что принёс вам.*
2. *Мне нужно взять с собой ко́е-какие вещи.*
3. *Он уже говорил ко́е с кем об этом.*
4. *Я тебе кое-что купил.*
5. *Кое-где ещё лежал снег.*
6. *К нам сегодня придёт ко́е-кто из друзей.*
7. *Я тебе дам ко́е-какие книги.*
8. *Мне нужно вам ко́е-что сказать.*

G III. Переведи́те предложе́ния и объясни́те ра́зницу в значе́нии неопределённых местоиме́ний.

1. *Я думаю, что он тебе что-то принёс.*
   Я думаю, что он тебе кое-что принёс.
2. *Мы поедем в какие-то города́ Казахстана.*
   Мы поедем в какие-нибудь города Казахстана.
   Мы поедем в кое-какие города Казахстана.
3. *Вчера у сосе́дей был кто-то из знакомых.*
   Вчера у соседей был кое-кто из знакомых.
4. *Не смогу ли я тебе чем-нибудь помочь?*
   Не смогу ли я тебе кое-чем помочь?
5. *Учитель отме́тил какие-то оши́бки в твоей работе.*
   Учитель отметил какие-нибудь ошибки в твоей работе?
   Учитель отметил кое-какие ошибки в твоей работе.
6. *Мне надо говорить с кем-нибудь из друзей.*
   Мне надо говорить кое с кем из друзей.

IV. Переведи́те предложе́ния, обраща́я внима́ние на разные зна-
че́ния глаго́ла «успе́ть».

1. Никто не успе́ет этого сделать.

2. У меня было мало времени, но я успел написать письмо.

3. Я не успел зайти в магазин.

4. Они не успели на вече́рний по́езд.

5. Мы, к сожале́нию, не успели пообедать.

6. Эта учени́ца не успева́ет но физике.

7. Ты не успеешь к началу сеанса.

V. Отве́тьте на вопросы.

1. Опиши́те чита́льню гости́ницы!

2. Какую реа́кцию вы́звала у госте́й и у хозя́ина неожи́данная смерть америка́нца?

3. Как вы смо́трите на судьбу́ господина из Сан-Франци́ско?

VI. Назови́те анто́нимы к вы́деленным слова́м.

1. **тихая** *улица*

2. **светлое** *помеще́ние*

3. **через** *два дня*

4. **над** *столо́м*

5. **холо́дный** *день*

6. **нижнее** *тече́ние*

7. подальше

8. вы́бежать

VII. В какой форме даются следующие слова́ в словаре?

1. несколько **строчек**

2. на **ковре́**

3. непрекло́нен

4. не спеша́

5. опу́щенный

6. происше́дшее

VIII. Как произносятся следующие иностра́нные слова?

отель, метрополите́н, кафе́, купе́, те́ннис, бутербро́д

IX. Переде́лайте предложе́ния, употребля́я отрица́тельные формы императи́ва.

1. Пожалуйста, закройте дверь!

2. Будьте добры, встаньте!

3. Купите эту шляпу!

4. Позвоните мне завтра!

5. Обратитесь к директору!

6. Передайте ему словарь!

Даниил Гра́нин
(роди́лся в 1918 г.)
Отры́вок из путевы́х о́черков «Примеча́ния к путеводи́телю».

И хорошее, и плохое . . .

Перед отъе́здом из Гла́зго к нам пришёл журналист ме́стной газеты. Он был любе́зен и недове́рчив. Он спросил, как мне понравился Глазго. Я сказал, что не понравился: чёрный, уны́лый, некрасивый. Журналист вдруг обра́довался. Ему тоже не нравился Глазго. Мы заказа́ли ко́фе и долго с удово́льствием поноси́ли Глазго и хвали́ли Эдинбург.

Журналист снял тёмные очки́, глаза́ его смотрели у́мно и ве́село.

— А вы знаете, это хорошо, что вы увидели гря́зные дома, тесноту́, ко́поть.

Сперва я не по́нял, почему это хорошо. И лишь потом, си́дя в самолёте, я вспо́мнил, как мы ходили по Ленинграду с одним писателем из За́падной Германии. Это был прекрасный, честный писатель. Он хотел увидеть всё, как есть.

Мы заходили с ним в убо́гие старые двор́ы-коло́дцы, в коммуна́льные квартиры, мы пи́ли пи́во в у́личных ларька́х. Он побывал в шика́рных ресторанах и в скве́рных столо́вках. Он ездил в нашем отли́чном метро и в перепо́лненных трамваях. Не очень-то прия́тно было показывать ему всё, как есть. Кое-кто упрека́л нас за это. И мы сами видели, что уехал он огорчённым. Спустя́ год он приехал второй раз, потом третий. Он сказал мне, что полюбил нашу страну́, потому что видел не только хорошее, но и плохое. Видел движе́ние жизни.

Любовь к стране возника́ет пу́тано, зага́дочно, как вся́кая любовь.

Объяснения

двор-коло́дец — очень узкий двор
коммунальная квартира — квартира, в которой живёт несколько семе́й

Из современной поэзии
Пожелания друзьям

Жела́ю вам цвести́, расти́,
Копи́ть, крепи́ть здоровье.
Оно для да́льнего пути́ —
Главне́йшее усло́вье.

Пусть каждый день и каждый час
Вам новое добудет.
Пусть добрым будет ум у вас,
А сердце умным будет.

Вам от души́ желаю я,
Друзья, всего хорошего.
А всё хорошее, друзья́,
Даётся нам недёшево.

С. Марша́к

* * *

Отдых бывает разный ...

— Я же говорил, что море где-то там ...

— Ну, делай свой ход, а то мой отпуск кончается.

Всякое

Знаете ли вы, что ...

Байка́л самое глубокое озеро на земле́? Глубина́ его в не́которых места́х достига́ет 1700 метров. Длина́ озера равна́ расстоя́нию от Москвы до Ленинграда. В Байкале больше воды́, чем в Балтийском море. Вода в озере очень чи́стая и прозра́чная.

Шутка

Потерпе́вший кораблекруше́ние добра́лся наконец до бочо́нка, на котором воссе́да́ет его товарищ по несчастью.

— Далеко ли до земли́? — отдыша́вшись, спрашивает он.

— Километра два-три, — отвечает незнако́мец.

— Правда? Так близко? А в каком направле́нии?

— Вниз.

Кроссворд

По горизонта́ли: 1. человек, которого можно было продавать и покупать в дре́вности; 3. цвето́к; 5. синоним к слову «пи́ща»; 6. им пишут на доске; 7. пери́од времени; 8. местоимение; 9. крепкий напи́ток; 10. на вокзале ... ожида́ния; 12. местоиме́ние; 13. престу́пник; 14. часть лица́.

По вертика́ли: 1. столица Италии; 2. канал на се́вере СССР; 3. там можно купить продукты; 4. russ. „Code" 9. кана́ва; 11. в нём растут ёлки, берёзы, со́сны.

Конец делу вене́ц.

Грамматика

Ergänzung zu «есть»

Dieses Wort hat meistens die Bedeutung „es ist vorhanden, es gibt".
Manchmal wird es als Kopula in wissenschaftlichen Definitionen und
zum Zwecke der Hervorhebung verwendet:

Языкознание **есть** наука о языке.   (Definition)
Он хотел увидеть всё как **есть**.   (Hervorhebung)

Zur Aspektlehre

Zeitwörter des unvollendeten Aspektes der Vergangenheit bezeichnen
oft Handlungen oder Zustände in der Vergangenheit, die im Moment
des Sprechens aufgehoben sind, keine Geltung mehr haben:

Эта книга мне очень понравилась.	— Dieses Buch hat mir sehr gefallen (und gefällt mir noch immer).
ABER! В детстве мне очень нравилась эта книга.	— Dieses Buch hat mir in der Kindheit gefallen (jetzt aber nicht mehr).
Я открыл окно.	— Ich habe das Fenster geöffnet (und es ist jetzt noch immer offen).
ABER! Я открывал окно.	— Ich habe das Fenster offen gehabt (jetzt aber ist es schon wieder geschlossen). Ich hatte das Fenster geöffnet.

Упражнения

I. Переведи́те предложе́ния, обраща́я внима́ние на ра́зницу в значе́нии.

1. *Вы брали мою газету?*	1. *Вы взяли мою газету?*
2. *Ты включал свет?*	2. *Ты включил свет?*
3. *Я открывал окно.*	3. *Я открыл окно.*
4. *Мама вставала ночью.*	4. *Мама встала рано утром.*
5. *Приходили твои друзья.*	5. *Пришли твои друзья.*
6. *В комнату кто-то забегал.*	6. *В комнату кто-то забежал.*

7. *Зачем ты выходил из дома?*   7. *Зачем ты вышел из дома?*
8. *Ко мне приезжала сестра.*   8. *Ко мне приехала сестра.*
9. *Он уезжал из Москвы.*   9. *Он уехал из Москвы.*

G II. Вставьте глаголы нужного вида в форме прошедшего времени.

 1. *Я отпер дверь и ... в комнату. Я увидел, что окно было открыто и на подоконнике стоял букет цветов. Значит без меня кто-то ... в мою комнату. (войти, входить)*
 2. *К тебе утром ... товарищ, он оставил тебе записку. К тебе ... товарищ, он ждёт тебя уже полчаса. (прийти, приходить)*
 3. *Я звонил тебе вчера. Мне сказали, что ты ... в театр. (уйти, уходить)*
 4. *Я давно не видел твоего брата. Где он? — Он на месяц ... в командировку, потом неделю был дома, а вчера вечером ... отдыхать на юг. (уехать, уезжать)*

G III. Вставьте вместо точек соответствующие формы слов «нравиться — понравиться».

 1. *Вчера я познакомился с твоим братом. Он мне очень ...*
 2. *В воскресенье мы ездили в Ясную Поляну. Мне очень ... дом-музей Л. Н. Толстого.*
 3. *Раньше нам очень ... южная природа, а теперь мы больше любим природу Подмосковья.*
 4. *В детстве мне очень ... такие книги.*
 5. *Я был в Ленинграде первый раз. Этот город мне очень ...*
 6. *Я видел на прошлой неделе этот фильм. Он мне не ...*
 7. *Мой товарищ вчера выступал на вечере. Его выступление ... всем.*

W IV. Переделайте предложения, употребляя форму императива с частицей «пусть».

 1. *Люся сняла очки.*
 2. *Никита радовался успеху.*
 3. *Они вспоминали своё детство.*

4. *Светлана зашла в магазин.*
5. *Петя уедет завтра.*

V. Найдите в словаре однокоренны́е имена́ существи́тельные.

1. *возника́ть.*   5. *грязный*
2. *заказа́ть*   6. *зага́дочный*
3. *упрека́ть*   7. *уны́лый*
4. *хвалить*   8. *честный*

VI. Подбери́те анто́нимы к вы́деленным слова́м.

1. *Матве́й заболел **пе́ред** отъе́здом.*
2. *Его глаза́ смотрели **ве́село.***
3. ***Спустя́** год Фе́дя приехал второй раз.*
4. *Любовь **возни́кла** неожи́данно.*
5. ***Все** упрека́ли нас за это.*

VII. Как произносятся следующие пары слов?

два	— две	знает	— жизнь
часто	— части	одна	— дня
здоро́в	— здесь	двор	— дверь
сна	— снег		

Содержание